Obra editada en colaboración con Editorial Planeta – Perú

Diseño de portada e interiores: Departamento de Diseño de Editorial Planeta Perú.

© 2019, Carla Olivieri

© 2019, Editorial Planeta Perú S.A.- Lima, Perú

Derechos reservados

© 2019, Editorial Planeta Mexicana, S.A. de C.V.
Bajo el sello editorial DIANA M.R.
Avenida Presidente Masarik núm. 111, Piso 2
Colonia Polanco V Sección, Miguel Hidalgo
C.P. 11560, Ciudad de México
www.planetadelibros.com.mx

Primera edición impresa en Perú: febrero de 2019
ISBN: 978-612-319-416-1

Primera edición en formato epub: septiembre de 2019
ISBN: 978-607-07-6147-8

Primera edición impresa en México: septiembre de 2019
ISBN: 978-607-07-6148-5

No se permite la reproducción total o parcial de este libro ni su incorporación a un sistema informático, ni su transmisión en cualquier forma o por cualquier medio, sea este electrónico, mecánico, por fotocopia, por grabación u otros métodos, sin el permiso previo y por escrito de los titulares del copyright.

La infracción de los derechos mencionados puede ser constitutiva de delito contra la propiedad intelectual (Arts. 229 y siguientes de la Ley Federal de Derechos de Autor y Arts. 424 y siguientes del Código Penal).

Si necesita fotocopiar o escanear algún fragmento de esta obra diríjase al CeMPro (Centro Mexicano de Protección y Fomento de los Derechos de Autor, http://www.cempro.org.mx).

Impreso en los talleres de Litográfica Ingramex, S.A. de C.V.
Centeno núm. 162-1, colonia Granjas Esmeralda, Ciudad de México
Impreso en México -Printed in Mexico

CARLA OLIVIERI

MI HIJO ES HIPERACTIVO, ¿EL TUYO?

Una guía para los padres, escrita por una madre de hijos hiperactivos y muy movidos.

Planeta

A Luca, Piero, Matías, Inés y Sofía para que, por favor, NUNCA, NUNCA, NUNCA dejen de ser inquietos, curiosos, preguntones, movidos y divertidos.
¡El mundo necesita mucha chispa!

11	INTRODUCCIÓN
19	¿MI HIJO ES HIPERACTIVO?
33	¿RITALÍN O NO RITALÍN?
43	¡SITUACIONES QUE NOS SACAN DE QUICIO!
51	BUENO, TOMEMOS AIRE QUE VIENE LO BUENO
59	LA AUTOESTIMA DEL NIÑO CON TDAH
73	¿CÓMO PIENSA Y APRENDE MEJOR EL NIÑO CON TDAH?
81	LA LECTURA
85	LA ESCRITURA
91	LOS DEPORTES
95	TOMANDO CARTAS EN EL ASUNTO: CONSEJOS E IDEAS PRÁCTICAS PARA POTENCIAR AL NIÑO CON TDAH
107	LA DISCIPLINA
115	¿Y QUÉ HAGO CON LA ESCUELA?
123	LA ORGANIZACIÓN
131	LOS TEMIBLES EXÁMENES
135	ACTIVIDADES PARA HACER CON SU HIJO HIPERACTIVO
141	UN PAR DE COMENTARIOS FINALES
145	ANEXO: ¿QUÉ ES EL TDAH? ¿CÓMO SE LE DIAGNOSTICA Y TRATA?
149	BIBLIOGRAFÍA

Introducción

CUANDO estaba embarazada de Luca, el mayor de mis hijos, salía a caminar por la calle y veía personas señalando mi vientre mientras comentaban lo mucho que se movía. Mientras yo, muy orgullosa, pensaba: "Sí, mi hijo será un atleta". Sin embargo, todo ello tenía otra explicación. Nunca me imaginé que tendría un hijo hiperactivo y, menos aún, que yo también era una persona hiperactiva.

El tener un hijo hiperactivo ha sido uno de los retos más grandes en mi vida. Al principio no dejaba de preguntarme: "¿Por qué?, ¿será que hice deporte cuando estuve embarazada?, ¿será que trabajé mucho durante mi embarazo?, ¿cómo va a ser mi vida con un niño tan impulsivo?".

Y ni hablar de los sentimientos encontrados que tenía. Lo primero que experimenté fue terror. Pensaba que mi futuro cambiaría por completo. Luego, empecé a sentir un fuerte rechazo a aceptar que yo, Carla Olivieri, tenía un hijo hiperactivo. Es decir, un hijo con necesidades especiales. ¿Cómo era eso posible? Si desde niña, mientras jugaba con mis muñecas, planifiqué que mi familia iba a ser "perfectita", imaginaba cómo se llamarían mis hijos, cómo serían, a qué escuela asistirían, qué deportes harían y muchos otros sueños, que imagino comunes a toda mamá.

Sin embargo, no solo tenía todos esos sentimientos y dudas, sino que, además, me sentía culpable por el solo hecho de percibirlos; efectivamente, todo un trabalenguas de sentimientos. Así, la culpa se presentaba mientras me decía a mí misma: "Qué mala mamá soy por sentir este miedo, este fastidio, solo porque tengo un hijo hiperactivo". La culpa sí me mataba, pero yo trataba de convencerme de que en realidad tenía muchísima suerte al tener un hijo así y no con alguna grave enfermedad. Mi temor se incrementaba mientras pensaba que Dios me castigaría de alguna forma por sentirme mal solo porque mi hijo era hiperactivo. Sin embargo, era algo que, de verdad, no podía evitar.

El miedo que tenía era muy raro. Por un lado, parte de él se presentaba porque yo no sabía si estaba en capacidad para enfrentarme al reto de sacar adelante a un niño hiperactivo, de ayudarlo, de entenderlo y además, armarme de paciencia, tomando en cuenta que yo también soy hiperactiva (de eso me entereraría después) . Y, por otro lado, mis miedos tenían que ver no solo con el reto que esto significaría para mí y para mi familia, sino también con el no saber cómo el mismo Luca enfrentaría su propia vida.

Además, sentía miedo todo el tiempo. Especialmente, cuando me invitaban a alguna reunión con hijos o a algún cumpleaños, ya que nunca sabía cómo se iría a comportar Luca con otros niños o en otras casas. Todo era imprevisible con él. Le podían dar arranques y destrozar plantas o, como hizo una vez, nada menos que en el cumpleaños del hijo de mi jefe, cuando arrancó todas las manzanitas que colgaban de sus manzanos (gracias a Dios ellos lo tomaron con risas, pero a mi casi me da un ataque). En fin, como comprenderán, al principio todo se me hizo una tormenta y aquella imagen personal de lo que debía ser mi "familia ideal", con niños "perfectitos", se me borró de la mente. Y debo confesar que quitarla me costó, y mucho.

Ahora que ya estoy encaminada hacia esta aventura veo muy lejanos aquellos momentos, donde sentía que mi mundo se acababa, me deprimía y me preguntaba, ridículamente: "¿Por qué a mí?". Hoy, más bien gozo de lo mucho que he aprendido del tema, de Luca, de mí misma y de cómo puedo aprovechar todo este aprendizaje para potenciarme a mí y a mis demás hijos que no son hiperactivos. A medida que más leo y aprendo del tema, lo encuentro más fascinante. He descubierto muchas cosas acerca de la educación de los niños que no habría aprendido si no tuviese un hijo hiperactivo. Así es que ahora realmente estoy muy agradecida de que Dios me haya dado el don de tener un hijo así (más adelante verán a qué me refiero).

Gracias a mi hijo descubrí mi propia hiperactividad. Desde pequeña me iba superbién en la escuela porque miraba fijamente al profesor y me posicioné como una alumna "atenta". Esa imagen me ayudó mucho; también el hecho de que captaba las cosas fácilmente pero luego de unos minutos me perdía y mi mente comenzaba a viajar a diferentes mundos. En la escuela, hacía todos los deportes habidos y por haber porque me fascina el deporte, pero también porque necesitaba estar llena de actividades y, tal vez, también gastar un poco de energía. De más grande, era parecido. Me acuerdo un día que con mi grupo de estudio de la maestría estábamos resolviendo un caso de operaciones y a la media hora le propongo al grupo pasar al caso de finanzas. Me acuerdo clarísimo de cómo los cuatro voltearon a mirarme como si estuviera loca y me dijeron al unísono: "Pero si todavía no terminamos este caso". Yo no entendía por qué reaccionaron así. Para mí era normal querer cambiar de tema, era normal distraerse, era normal tener la computadora con cien archivos abiertos a la vez y saltar de uno al otro. Es más, si solo realizaba una tarea, mi nivel de productividad comenzaba a disminuir y disminuir. Esa adrenalina de saltar de una cosa a la otra era necesaria para mí. Pero, como digo, era lo normal.

Cuando llevé a mi hijo a la neuróloga y comenzaron a hacerle preguntas, yo en mi mente respondía "sí" a todas. Y fue mi primera señal de alerta. Luego, la neuróloga se dio cuenta de cómo jugaba con mi llavero, cómo sentía un ruidito y no podía evitar voltear a mirar. Me miró, me lanzó una sonrisita y me dijo que yo debía hacerme un diagnóstico porque seguramente Luca lo había heredado de mí. Diagnóstico realizado y, efectivamente, positivo: hiperactiva.

Gracias a esta cita con mi hijo he logrado entender muchas cosas de mí misma y de mi comportamiento. Como por ejemplo, el por qué me muerdo las uñas, por qué me tropiezo y se me caen las cosas, por qué soy tan sensible a los olores o a los sonidos fuertes, por qué soy tan sensible y llorona (al punto de que he ido a velorios de conocidos y me han dado el pésame a mí por lo afectada que me veía la gente).

Pero, sin duda, lo más simpático de todo es que he encontrado en la hiperactividad un mundo lleno de posibilidades. Ahora sé que las personas hiperactivas tienen un potencial de desarrollo tan, pero TAN grande que puede llegar a aturdir, y que únicamente hay que saber cómo trabajarlo.

Es esta la razón por la que me animé a escribir este libro. Como mamá de un hijo hiperactivo (aunque creo que mis otros dos hijos hombres van por el mismo camino... ja, ja, ja), como profesora de alumnos con problemas de atención y concentración en la universidad y, finalmente, como persona hiperactiva, siento que "sin querer queriendo" puedo aprovechar las bondades de esta condición y plasmarlas aquí.

Me considero una persona exitosa. He logrado metas y escalar profesionalmente; he logrado ser una mamá de cinco hijos increíbles; y creo que la hiperactividad ha tenido un papel importante en mi éxito. Ser hiperactivo en un mundo hiperactivo en donde la única constante es el cambio y el dinamismo es una ventaja. El problema es que aún está siendo manejado por no hiperactivos y les cuesta mucho entendernos.

En mi época no existía el Ritalín y no nos diagnosticaban como ahora, pero yo sí era consciente de que era distraída, torpe y que si quería hacer mil actividades necesitaba aprender a organizarme. Sin darme cuenta desarrollé mi propio sistema de organización.

En esa época tampoco existían las notas adhesivas (los *post-it*) pero yo tenía mi sistema de papelitos que pegaba con cinta adhesiva por toda mi casa y en mi agenda para recordarme las cosas. Como mi pasión era el deporte, desarrollé habilidad para organizar el uso de mi tiempo y tener la mayor cantidad posible para el atletismo, el hockey, la equitación. Aprendí a sacarle jugo a las clases y era muy buena tomando notas para tener que estudiar menos tiempo en casa. Sin darme cuenta, descubrí el poder de la organización y que cambiar de tema resultaba ser una ventaja.

Hoy, en el trabajo, noto que si me quitaran la hiperactividad se reduciría mi nivel de competitividad. Estoy segura de que la hiperactividad es uno de mis principales activos y ayudan a que mi función como rectora y gerente general de una universidad sea más efectiva porque me es fácil ver múltiples temas, asociar conceptos, abordar los problemas con una mirada diferente y ser muy rápida trabajando. Me gusta lo nuevo; no me asusta el cambio porque toda mi vida lo he buscado.

Por otro lado, en mi puesto de rectora, la hiperactividad me ayuda muchísimo para entender a los alumnos. Casi la mitad de la población es hiperactiva pero los profesores no lo son. Nuestros alumnos —hiperactivos o no hiperactivos— son estudiantes del siglo XXI que van a la escuela o universidades y están expuestos a profesores del siglo XX y metodologías del siglo XIX. Entonces, este tema de "emocionar" al alumno en clase, que conecte con sus estudios, y que se apasione por aprender se ha convertido en un propósito de vida y la hiperactividad tiene un papel protagónico para hacer este proyecto una realidad.

Por eso, amigos hiperactivos y señores padres de chicos hiperactivos, no se asusten y más bien alégrense porque el futuro es prometedor.

Antes de entrar a comentar en detalle las actividades y los planes que me ayudaron a enfrentar el tema de la hiperactividad, quisiera hacer unos cuantos comentarios generales que quizá les pueden ayudar a comenzar este viaje conmigo:

A. Es normal, para los padres de niños hiperactivos, sentir temor, angustia, pena, fastidio, cariño, entre otras muchas cosas. Como reitero, es normal y no debemos sentir que somos malos padres o personas. Antes que padres, somos humanos, y es por lo mucho que queremos a nuestros hijos que se nos presentan estas emociones.

B. Tenemos que informarnos muchísimo para lograr comprender al niño hiperactivo: entender su condición, su comportamiento, sus flaquezas..., pero también sus fortalezas, lo que es crucial para que esta experiencia resulte exitosa.

C. Lo más importante de todo: debemos aprender a "voltear la tortilla". Es decir, aprender y ser conscientes del lado positivo que tienen los niños con este síndrome. Ya que esa es la única forma en que podremos sacarles provecho a las bondades que SÍ tiene la hiperactividad.[1]

---

[1] Para efectos de este libro, en los siguientes capítulos me referiré al trastorno por déficit de atención con hiperactividad a través de sus siglas en español, TDAH (en inglés es ADHD-Attention Déficit Hyperactive Disorder).

CAPÍTULO 1

¿Mi hijo es hiperactivo?

EL trastorno por déficit de atención con hiperactividad (TDAH) es una condición neurológica que podremos identificar rápidamente observando tres características en nuestros hijos:

1) Impulsividad
2) Distracción
3) Exceso de energía (o hiperactividad)

Si sospechas que tú o uno de tus hijos podría tener TDAH, lo ideal es ir con un especialista; en este caso, con un neurólogo. Para confirmar tu sospecha podrías responder algún *test* que encuentre *online*. Acá te pongo un ejemplo que mide dos dimensiones: nivel de atención y nivel de hiperactividad e impulsividad. Yo salgo alto en ambos.

1. Cometo errores como confundir fechas, confundir algún dato, no mirar los detalles porque no presto suficiente atención.
    a. SÍ ☐
    b. NO ☐

2. Me cuesta hacer alguna tarea larga; incluso algún pasatiempo que dure mucho.
    a. SÍ ☐
    b. NO ☐

3. Me cuesta escuchar conversaciones largas o a veces me pierdo en lo que yo mismo estoy comentando si esto es largo.
    a. SÍ ☐
    b. NO ☐

4. Me cuesta seguir instrucciones. Generalmente, ni las miro. Me cuesta seguir rutinas, recetas, indicaciones.
    a. SÍ ☐
    b. NO ☐

5. Me cuesta organizarme. Mis listas de tareas me cansan.
   a. SÍ ☐
   b. NO ☐

6. Me cuestan las tareas que requieren concentración por periodos largos de tiempo. Me cuesta la rutina y los papeleos.
   a. SÍ ☐
   b. NO ☐

7. Se me pierden las cosas o no recuerdo dónde las puse: llaves, celular, lentes.
   a. SÍ ☐
   b. NO ☐

8. Me distraigo fácilmente por ruidos u otros.
   a. SÍ ☐
   b. NO ☐

9. Me olvido de fechas, cumpleaños, citas, nombres.
   a. SÍ ☐
   b. NO ☐

Hiperactividad / Impulsividad:

1. Soy inquieto, muevo los pies, las piernas o tengo que estar agarrando cosas.
   a. SÍ ☐
   b. NO ☐

2. Siento la necesidad de moverme, de pararme o de cambiar de ambiente.
   a. SÍ ☐
   b. NO ☐

3. Mi mente siempre está activa; me cuesta dormirme. Me entusiasmo por las ideas o las novedades.

   a. SÍ ☐
   b. NO ☐

4. Me cuesta relajarme. Me aburro fácilmente y necesito probar cosas nuevas.

   a. SÍ ☐
   b. NO ☐

5. Siento como si fuese un motor; siempre andando. Cuando algo me interesa, me sumerjo en ello, pero luego de un rato me aburro.

   a. SÍ ☐
   b. NO ☐

6. Siempre tengo algo que decir, me gusta aportar con ideas y, si no me escuchan, hablo más fuerte.

   a. SÍ ☐
   b. NO ☐

7. Me cuesta decir que no a las nuevas ideas. Todo me entusiasma.

   a. SÍ ☐
   b. NO ☐

8. Me cuesta esperar largas filas, esperar que otros terminen de hablar.

   a. SÍ ☐
   b. NO ☐

9. Interrumpo conversaciones, me gusta añadir mis comentarios.

   a. SÍ ☐
   b. NO ☐

Si obtuviste más de cinco respuestas afirmativas en cada una de las dos partes, podría ser que sí tengas un reto de hiperactividad o atención. Como comenté anteriormente, este tipo de *tests* te dan una idea de si tú o tu hijo es o no hiperactivo, pero quien debe confirmarlo es el especialista.

Es muy común que los papás y las mamás confundan la característica del exceso de energía con el síndrome y crean que, porque sus hijos son muy movidos, son hiperactivos. Pero no, en realidad se deben presentar señales en todas las dimensiones para que uno comience a sospechar seriamente que su hijo puede tener TDAH. No es solo el exceso de energía. Un ejemplo de ello es que muchos niños con exceso de energía tienen una capacidad de atención envidiable. Incluso, muchos niños que son tranquilos tienen problemas muy serios de concentración.

Nuevamente, quiero aclarar que yo NO soy neuróloga, así que, como ya les he contado, este libro está basado en mi propia experiencia como hiperactiva, en mi investigación y en mi aprendizaje como profesora y como mamá de un niño hiperactivo (ver anexo en página 143: ¿Qué es el TDAH?).

Para entender un poco mejor las tres principales características de la persona con TDAH, veamos a qué nos referimos con cada una de ellas:

1. Impulsividad

El niño con TDAH es muy impulsivo, es como si no controlara ni sus movimientos ni sus actos. No es que tenga mala intención, lo que pasa es que no puede controlarse, y este comportamiento muchas veces lo hace pasar como malcriado o agresivo. Es muy importante que las mamás y los papás seamos muy perspicaces para darnos cuenta de que es impulsivo por esta falta de control, y no por simple malcriadez. Por ejemplo, cuando Luca estaba en primer grado, sus amigos se quejaban de que los empujaba en la fila o los pasaba en la fila cuando tenían que formarse para alguna actividad de la escuela. No era que él quisiera ser el primero de la fila o que deseara empujar a los primeros en ella, sino que lo hacía sin darse cuenta. Lo mismo sucede en sus clases de tenis, en las que, además, mientras espera el turno para golpear la pelota, uno de sus pies empieza a mover la arcilla de la cancha y el resultado son unos huecos horrendos.

¿Por qué sucede esto? El niño con TDAH no piensa antes de actuar, simplemente hace las cosas y, generalmente, se mete en líos por eso, sobre todo en la escuela. Imaginemos a un niño sin TDAH que quiere ponerle el pie a un amiguito en la fila. Generalmente, en estos casos, primero se fija si su profesor lo está mirando y, si no lo está haciendo, no lo duda y comete la travesura. El niño con TDAH no. Él simplemente lo hace sin previa planificación y, en la mayoría de los casos, lo atrapan haciéndolo.

Este comportamiento también se da en las clases. Antes de que la profesora termine de dar instrucciones sobre un trabajo que hacer, el niño ya comenzó a hacerlo y, en el proceso, comete errores bastante tontos. Lo mismo sucede cuando le regalan algún juego para armar (fíjense en sus casas). Rara vez el niño lo va a armar siguiendo las instrucciones, sino que lo hará intuitivamente.

A mí me pasa todo el tiempo. Por ejemplo, hasta ahora no sé cómo usar todas las funciones de mi reloj para correr porque simplemente no he leído el manual de instrucciones y me da un ataque solamente de pensar que lo tengo que hacer. También me pasa en el trabajo; nunca he podido tomar una clase de computación, ya que todo lo que me enseñan en el momento me entra por un oído y me sale por el otro, y al final no me acuerdo de nada. Así es que lo que sé, lo sé porque me puse a jugar con la computadora, pero no por lo que aprendí con todas las clases que me dieron.

Otra característica típica del niño con TDAH (y que es muy difícil manejar) es que es tan impulsivo que hasta para hablar es apresurado. Es sumamente difícil que espere su turno para hablar, interrumpe, o incluso habla sin importarle que lo está haciendo "por encima" de la conversación que uno pueda tener con otra persona. Ello se debe a que es impaciente, y en clase puede llegar a explotar, lanzando con frecuencia respuestas sin siquiera levantar la mano. No saben lo orgullosa que me sentí cuando mi Luca un día me dijo: "Mami, no te has dado cuenta de que he parado de hablar cuando Matías —su hermano de dos años— se puso a cantar".

2. Distracción

¡Cuántas veces me habrá pasado que le digo a Luca que se lave los dientes y, luego de media hora, lo veo jugando en el piso con algún objeto que se encontró, con la llave abierta y el cepillo de dientes seco! O que, por ejemplo, se haya cambiado para ir a algún lado y de pronto me diga en el carro: "Mami, se me olvidó ponerme calzones". Ni imaginar todas las veces que me encuentro diciéndole lo que tanto me decía mi mamá cuando era chica: "El flojo trabaja doble". Pero, en realidad, no es que seamos flojos, somos distraídos y nos lanzamos a hacer las cosas sin fijarnos en lo que hacemos y en el camino nos distraemos fácilmente con cualquier cosita que nos llame la atención. Esta es una de las más típicas características de la distracción que tenemos.

En realidad, el término "distracción" no es 100% correcto. No es que el niño hiperactivo se distraiga, sino que, por el contrario, TODO le atrae. A todo le presta atención; es decir, no sabe distinguir lo que es importante de lo que no lo es, entonces tiene un exceso de estímulos que atender y a todos les "hace caso". No es como una persona que no tiene esa condición neurológica y simplemente su sistema bioquímico hace esa parte del trabajo y le dice internamente: "Estás en clase, tu profesora está hablando de la cultura inca... Debes escucharla a ella, si pasa una mosca, no debes voltear". Eso no lo tiene un niño hiperactivo y el pobre tiene que hacer un esfuerzo muchísimo mayor para controlar su exceso de atención. Entonces, más que distracción, en realidad tiene un exceso de atención que hace que no se enfoque en lo necesariamente importante. Y es que a los hiperactivos nos faltan unos químicos que actúan como filtros para que el cerebro pueda seleccionar a qué le presa atención y a qué no. Como no tenemos esos filtros, le prestamos atención a TODO.

El segundo tipo de distracción se da por nuestra profunda y estupenda capacidad para soñar despiertos. Muchas veces parecemos estar en una neblina de pensamientos alucinante que nos aleja por completo del lugar donde podemos estar sentados. Yo tuve mucha suerte porque, a pesar de que seguramente pasé 80% de mi tiempo de clases soñando despierta, mientras lo hacía ponía una cara de estudiosa increíble y los profesores resaltaban "lo atenta" que era. Es muy raro explicar esto porque, si bien es cierto que podemos estar en esa nube que nos transporta al mundo de nuestra imaginación, no dejamos de estar escuchando y asimilando la información que está alrededor de nosotros. Es decir, tenemos la suerte de poder hacer más cosas a la vez porque también tenemos una memoria increíble.

Existen algunos factores relacionados con la atención y distracción que pueden confundirnos. Cuando el neurólogo me decía que Luca tenía problemas de atención, yo estaba muy confundida porque mi hijo es un niño que se puede quedar horas jugando ajedrez o PlayStation, sin que nada parezca distraerlo. Es decir, tiene momentos en que se hiperconcentra. Entonces, ¿tiene TDAH? La respuesta sigue siendo SÍ. Es que el niño con TDAH no está 100% del tiempo distraído. Puede tener momentos de muy alta concentración. Así es que, en realidad, el niño hiperactivo muestra una conducta de inconsistencia en la atención.

3. Exceso de energía

Como comenté al inicio del libro, mi panza llamaba la atención de la gente cuando estaba embarazada porque Luca era una máquina de movimiento. Era impresionante. Tan movedizo era que, cuando salí embarazada de Piero, mi segundo hijo, me preocupaba porque se movía muy poquito. En realidad, Piero se movía de forma normal.

Recuerdo que, al cuarto día de nacido, Luca estaba acostado en su cuna, todo indefenso, con los ojitos cerrados como cualquier recién nacido, y de pronto, con sus piernitas escuálidas, comenzó a girar y girar (sin voltearse... siempre boca arriba) y logró darse una vuelta de 360°. Mi mamá y yo, que lo estábamos mirando, nos quedamos con la boca abierta, no lo podíamos creer.

Tan movido era Luca que, a las dos semanas de nacido, yo pesaba menos de lo que pesé antes de salir embarazada. Nunca estuve tan delgada en mi vida. Luca me tenía con el llanto de aquí para allá, caminando, saltando, columpiándolo, etc. Con decir que, al mes de nacido, le pusieron de apodo el Aburrido. Lo que buscaba era estímulo tras estímulo tras estímulo. No dormía en el día, en la noche estaba ansioso y tomaba leche cada hora y media, mientras que yo me caía al suelo de cansancio (y eso que, además de ser deportista a morir, también soy hiperactiva). Incluso había veces en que terminaba llorando porque ya no daba más.

Ese comportamiento de niño movido se dio siempre y se sigue dando, aunque mucho menos. Es muy complicado vivir con un niño tan movedizo, pero lo primero que debemos hacer como papás es comprender y aceptar que el niño con TDAH tiene la necesidad de estar moviéndose. Y aunque a veces puede llegar a ser desesperante para nosotros, debemos permitir que lo haga: lo necesita. Él es así, y así como él respeta muchas cosas de nosotros, respetemos sus necesidades. ¿A qué me refiero? ¿No les pasa que cuando sus hijos les están contando algo no paran de moverse de un lado a lado? O por ejemplo, a mí me pasa que, cuando estoy en una reunión y mientras escucho a las personas hablar, por debajo de la mesa me estoy arrancando todos los pellejos de los dedos.

En fin, tenemos que aceptar que el hiperactivo necesita moverse, y como padres lo podemos hacer. El problema es hacer que los profesores de la escuela acepten este hecho. Esto es un reto más fuerte aún. En clase, el niño va a necesitar pararse de vez en cuando e incluso caminar un poco o escuchar a la profesora sentado en el piso. ¿Por qué no aceptarlo? Lo importante es el fondo: que escuche y entienda, y no tanto la forma, es decir, el cómo lo hizo. Esto se presenta mucho cuando los niños son pequeños. A medida que van creciendo se van, como yo le digo, "institucionalizando"; en otras palabras, se sientan por mayor periodo de tiempo, se mueven menos, etc. Pero, en años muy tempranos, como kínder y primer grado, por qué no permitirles que se paren de vez en cuando en clase.

Otros signos

Adicionalmente a estas características que son muy notorias en niños con TDAH, podemos encontrar estas otras, que hacen el reto más interesante (y complicado) para los padres:

Desorganización

Su cuarto es un desastre, siempre pierde las cosas, su camisa nunca está dentro del pantalón, su ropa está siempre sucia, nunca encuentra nada, cuando hace tareas se demora siglos simplemente consiguiendo lápices y papeles. En la escuela igual: sus profesores se molestan con él porque entrega las hojas arrugadas y sucias, pierde los útiles, su carpeta parece haber sido atacada por los alienígenas y todo se les cae.

Comportamiento un tanto agresivo

Por lo impulsivos que son, esta actitud se da solo en algunos niños con TDAH; es decir, no necesariamente el niño hiperactivo será agresivo. Cuando se presenta, puede significar que el niño tiene ODD (*Opposi-*

tional *Defiant Disorder*), es decir, un síndrome que los lleva a ser retadores y negativos. Ojo, el ODD solo se presenta en niños que ya tienen TDAH. Si tenemos un hijo que nos reta constantemente, es negativo y se opone a todo, pero que no tiene TDAH, entonces tiene un problema de conducta o algo emocional, pero no tiene ODD. No voy a comentar más de este tema porque no tengo experiencia en él; sin embargo, los neurólogos o psicólogos son muy buenas fuentes para conocer más del mismo.

Baja autoestima

Lamentablemente, puede ocurrir que nuestro hijo con TDAH desarrolle una baja autoestima. A estos niños siempre se les está llamando la atención: "Quédate quieto", "Presta atención", "Deja de jugar y ponte a hacer lo que te dije", etc. Imagínense si todo el día estamos escuchando este tipo de comentarios, ¿cómo nos sentiríamos? Debe ser desesperante. Claro que lo que se nos viene automáticamente a la mente es la solución perfecta: "Entonces que se porten bien y así evitan los problemas"; pero no es tan fácil, y eso lo comentaremos más adelante. Lo que sí tenemos que resaltar es que son chicos superperseverantes. Y a pesar de que constantemente les llaman la atención en casa y en la escuela, siguen y siguen tratando de conseguir las cosas y de salir adelante.

Soñadores, olvidadizos

Su cuerpo está en la clase, pero no sé dónde estará su mente. Es lo que se presenta en estos casos.

No son muy coordinados, son torpes y su letra semeja garabatos

Muchos niños con TDAH tienen dificultad con la habilidad motora fina; es decir, con el desarrollo de las manos, piernas, brazos, pero relacionada a movimientos más detallados, coordinados, etc. Estas dificultades se expresan muy comúnmente en la escritura, la cual es desordenada y la letra parece corresponder a un niño de dos grados menos. Nunca me voy a olvidar un día en que llegué a mi casa después del trabajo y vi un cuaderno de la escuela de Luca abierto. Apenas vi la escritura, casi se me sale el corazón porque no podía creer lo linda que estaba. Yo estaba feliz. Luca regresó a continuar con su tarea y, antes de que yo pudiera felicitarlo por lo linda que estaba su letra, me dijo: "Gianmarco me prestó su cuaderno para ponerme al día". Se imaginarán que yo, cual Condorito, terminé PLOP. No solo la letra es desordenada, sino que, además, se demoran en escribir y muchas veces se atrasan y se tienen que quedar avanzando en el recreo o deben pedir prestados los cuadernos de sus amigos.

También son víctimas de caídas sonsas, golpes y tropiezos. Si hay una piedra en el camino, seguro que se van a golpear con ella. A mí me pasa a cada rato y la verdad es que muchas veces desespera. Yo corro en la calle por las mañanas y no sé cómo termino con chichones en la cabeza por golpearme con árboles, y ni contar la cantidad de tropiezos que tengo con cualquier sonsera que se me pueda cruzar en el camino.

En resumen

Lo más difícil de la hiperactividad es que las personas no lo entienden y sienten que somos malos padres porque tenemos hijos muy movidos e impulsivos.

Lo increíble de la hiperactividad es que esos chicos tienen una ventaja competitiva muy importante que, bien manejada, se traducirá en un futuro muy exitoso; tengan paciencia... ese momento llega.

CAPÍTULO 2

¿Ritalín o no Ritalín?

CUANDO Luca tenía dos años, para mí el término "hiperactividad" se relacionaba con niños movidos, pero desconocía totalmente su asociación con un déficit neurológico que, dicho sea de paso, muchas veces es hereditario. En el caso particular de Luca, seguramente lo heredó de mí y es por eso que todavía no tengo claro si Piero, Matías, Inés o Sofía, mis demás hijos, lo tengan o no (sí... soy una coneja y tengo cinco hijos). Aunque para serles sincera, eso me tiene sin cuidado. Estoy feliz con lo que he aprendido y sigo aprendiendo de este tema, de cómo lo manejo y, por encima de todo, estoy feliz por los impresionantes cambios que noto, día a día, en Luca. Y no solo eso, sino que además sé que conociendo más sobre el tema uno puede maximizar el potencial de desarrollo de estos chicos.

Mi primer contacto con la explicación del tema del TDAH fue cuando las profesoras de la guardería me citaron y me dijeron que ya no daban más. Creían que Luca tenía un problema emocional porque era impulsivo, un tanto agresivo al jugar, no se quedaba quieto, etc. Comprenderán que, cuando en la guardería o en la escuela algún profesor menciona las palabras "problema emocional", a los papás se nos comienzan a parar los pelos de punta, nos sumergimos en un mar de culpas y no dejamos de hacernos preguntas como: "¿Qué habré hecho mal?", "No debí trabajar mientras mi hijo era pequeño", "Debo renunciar para dedicarme a él de lleno", "¿Habrá escuchado discusiones con mi marido?", "¿Le habré amamantado lo suficiente?", "¿Tomé la cantidad necesaria de ácido fólico durante mi embarazo?". En fin, nuestra mente da vueltas y comenzamos a torturarnos psicológicamente de una manera atroz... ¿Les ha pasado?

Así que, luego de esta primera aproximación al problema, volamos a sacar citas con psicólogos y concluyeron en que todo andaba bien en Luca. Sin embargo, sí presentaba problemas para seguir normas. Salimos tranquilos, en realidad, sacando el pecho por lo "buenos padres que éramos" y porque emocionalmente nuestro hijo era "normal". Pero, aun así, el problema persistía y las profesoras de la guardería seguían volviéndose locas con Luca.

Entonces nos recomendaron el CPAL (Centro Peruano de Audición Aprendizaje y Lenguaje). Cuando fui le hicieron una evaluación integral: extraordinaria herramienta para detectar problemas de aprendizaje, neurológicos y psicológicos. Las explicaciones que nos dieron del porqué de cada comportamiento de mi hijo fueron realmente fascinantes. Por fin recibíamos una respuesta concreta.

¿Qué salió? Pues que Luca tenía hiperactividad media y problemas psicomotrices. En ese momento, el médico no nos recomendó recetarlo con Ritalín o algún otro medicamento. Sino, más bien, que esperáramos porque todavía era chiquito, que su tema podía ser manejable en la guardería, y salvo que las profesoras, en realidad, estuvieran ya desesperadas, mejor sería esperar. Entonces, como estaba en la guardería, decidimos no medicarlo.

¿Qué pasó cuando entró a la escuela?

Al principio, cuando Luca ingresó al kínder, todo parecía andar bien, porque tenía una profesora que sabía tratarlo de forma excelente y porque en esa etapa la enseñanza se imparte más en forma de juego que otra cosa. Sin embargo, Luca sí tenía uno que otro problemita para integrarse con los niños. Prefería jugar solo, generalmente con insectos. Esto sucedió hasta que tres niños más comenzaron a hacerse superamigos de él debido a que también les fascinaban los insectos.

El hecho de "no integrarse" con los demás chicos en edad temprana es tomado con mucha importancia en las escuelas, y la verdad es que me preocupaba mucho cada vez que me mencionaban ese tema en las reuniones con las profesoras. Su papá me calmaba y me decía que lo tomara como algo normal, total "no todos los niños son tan amigueros". Y así lo traté de asimilar. Recordaba que yo, de niña, había actuado igual: siempre prefería jugar con un par de amigas que hacerlo en grupo.

Cuando pasó a primer grado, las profesoras nuevamente me citaron a la escuela. Recuerdo esa escena como una de las más atroces. Me sentí como en un juzgado escuchando comentarios sobre el comportamiento de mi hijo: "No se queda quieto, no escucha la clase, no presta atención, se sale del salón para jugar con bichos, empuja a sus amigos, juega solo, no se integra al grupo, se atrasa mucho escribiendo, distrae a los demás, etcétera".

Cada vez que me citaban en la escuela me sentía aterrorizada. No sé si a ustedes les pasa o les ha pasado lo mismo. Veía la nota de citación de la profesora y, automáticamente, me ponía a pensar en mil problemas. En realidad, me molestaba mucho porque pensaba que así iba a ser toda mi vida. ¡Qué tortura emocional!

Es súper difícil para nosotros, los papás, escuchar este tipo de comentarios. Por más que sean ciertos, es complicado. Sentimos que nuestros chicos no van a prosperar, que no van a alcanzar sus metas, que no van a pasar al siguiente año, que no van a tener amigos, que los van a odiar, que son diferentes a los demás chicos. ¡Es ATROZ! Pero, poco a poco, me fui dando cuenta de que esto no es ni tiene que ser así. Más adelante les contaré cómo cambió el panorama.

Yo también tuve un proceso reactivo. Aunque sabía que Luca tenía estos problemas, me cerré pensando que también gran parte de todo era que las profesoras "no sabían manejarlo". Definitivamente, una parte del problema es ese. A la mayoría de las profesoras le encantaría que todos los alumnos se comportaran de una manera similar, que fueran tranquilos y atentos y que tuvieran un mismo estilo de aprendizaje. Sin embargo, la realidad nos dice que no es así. Estoy en el sector educación hace más de veinte años y mi doctorado es en este tema. Luego de mucho estudio e investigación, he aprendido que los profesores tenemos la responsabilidad de conocer mejor a nuestros alumnos y entender los diferentes estilos de aprendizaje para diseñar nuestras clases con estrategias que integren a TODOS los chicos y no solo a algunos. No todo el mundo se motiva de la misma manera, no todo el mundo aprende de la misma manera.

Conociendo esta realidad, le quitaba un poco de "culpa" a Luca y aliviaba mi conciencia de mamá.

No obstante, el bichito de la preocupación constante vivía conmigo y me acompañaba a todos lados. Hasta que un día tuve la suerte de encontrarme con Carol, la hermana de una amiga de la escuela. Ella me recomendó conversar con Erika Stürman, neuróloga pediatra. De inmediato acudí con Erika, y ella fue quien me explicó con lujo de detalle lo que era la hiperactividad y los tipos de síndromes existentes. Luego evaluó a Luca detenidamente y, efectivamente, corroboró lo que ya sabía: era hiperactivo.

Lo primero que me recomendó fue empezar a darle Ritalín. Entendí, gracias a su tan didáctica explicación, que un niño con TDAH lo necesita. Y es que su problema se debe, simplemente, a que le faltan unos químicos que necesita el cerebro para filtrar la información importante y así poder concentrarse. De esta forma, entendí que el TDAH es un problema neurológico y no necesariamente de comportamiento, así es que el Ritalín sería una manera de ayudarlo.

Por otro lado, Erika nos recomendó comenzar con Ritalín a partir de ese momento porque le preocupaba lo mismo que a nosotros: el aspecto emocional de Luca. Si no le dábamos Ritalín, su autoestima estaría en juego y correríamos el riesgo de que poco a poco se pudiera desmoronar. Ya tenía problemas en clase porque le llamaban la atención todo el tiempo, sus amigos no querían jugar con él porque era tosco e impulsivo y encima lo criticaban porque veían que su letra era fea. El pobre Luca iba estresado a la escuela porque ya lo tenían "etiquetado" como el niño movido, inquieto, que escribe feo y fastidia a los amigos. Salí convencida del consultorio de Erika, con receta en mano, directo a la farmacia a comprarle el Ritalín.

Comenzó a tomar dosis pequeñas como nos indicaron. Efectivamente, al principio se mareaba por ratos, pero luego el cambio fue notable. Luca podía quedarse más quieto, escuchar mejor la clase, jugaba sin empujar, y todos estábamos felices. Incluso en la casa todo iba mejor porque jugaba más tranquilamente con sus hermanos. Y cuando íbamos a la casa de alguien, no interrumpía tanto las conversaciones, no rompía plantas y, como se imaginarán, yo estaba maravillada.

Ese fue mi caso. Creo que la decisión es muy personal. Comento mi experiencia porque sé que da miedo medicar a un niño o niña, pero en mi caso por un tiempo sí nos ayudó.

Sin embargo, no podemos pensar que el Ritalín es la solución a todo y que podemos estar tranquilos. ¡NO! El Ritalín ayuda muchísimo, pero gran parte depende del seguimiento que le hacemos al niño, el trabajo cercano con los profesores, el control del neurólogo y mucha observación. Tampoco pensemos que porque toma Ritalín ya no va a distraerse en clase. De hecho, no nos vamos a librar de las notas de la profesora, pero, definitivamente, recibiremos menos.

Yo soy de la idea de que, si el neurólogo recomienda Ritalín, luego de un exhaustivo examen, esto ayudará, ya que con el medicamento el niño aprovechará mejor sus clases, se sentirá más cómodo en la escuela y con sus amigos. Además, ya no le llamarán tanto la atención en clase, se sentirá mejor con él mismo, e incluso la relación con los papás y hermanos mejorará mucho, será más relajada y se podrán disfrutar de momentos más ricos en familia.

También es importante tener presente que el Ritalín tal vez sea necesario por un tiempo; depende mucho del nivel de TDAH que tiene el chico. No obstante, para tomar la decisión ayuda ponerse un poco en sus zapatos. Pero ojo, no se olviden de que tampoco es la fórmula secreta. Nuevamente repito lo comentado anteriormente: sí es normal que se distraiga de vez en cuando. Es común volver a recibir notas diciendo que otra vez el niño está disperso. Lo importante es tomar cartas en el asunto para encarrilarlo nuevamente.

Cuando atravesamos por esta etapa inicial de detección del síndrome es recomendable entender y seguir estos consejos:

1. No sentir que se es mal padre por experimentar miedo o un poco de frustración al tener que enfrentar este tema (como lo mencioné al inicio del libro).

2. Ayuda conversar del tema con amigos o incluso con conocidos que también reciban notas de la escuela o que tengan hijos movidos, dispersos o impulsivos. Nos hace sentir que no somos los únicos con hijos así.

3. Ir con expertos, como el neurólogo y el psicólogo, para aclarar todas las dudas con ellos.

4. Aceptar que, si nos recomiendan Ritalín, es porque nos va a hacer bien (digo "nos" porque no solo será positivo para el niño con TDAH, sino que la familia, en general, se relajará y la pasará mucho mejor).

5. Hacer mucho seguimiento: en la escuela, con el neurólogo, con los maestros, etc. Sobre todo cuando comienzan a recibir de nuevo las notas de que su hijo se está dispersando otra vez. Uno de los motivos puede ser que nuestro hijo haya crecido o haya subido de peso y sea necesario modificar su dosis.

A pesar de que al principio yo me resistía a medicar a mi hijo, hoy veo los cambios positivos en él. Es muy importante que el médico les comente también sobre los posibles efectos secundarios. Uno de ellos podría ser la falta de apetito. En mi caso no se ha presentado: Luca es un flaquito que parece una máquina devoradora de comida.

En resumen

Sin duda, existen medicamentos alternativos, como Concerta o Strattera, que podrían consultar con su médico. Así como también otras maneras de abordar el TDAH con el yoga o la meditación para niños. Lo ideal e indispensable en este caso es consultarlo con su médico... Acá yo solo les cuento lo que fue mi experiencia: a mi hijo y a mí nos funcionó el Ritalín.

CAPÍTULO 3

¡situaciones que nos sacan de quicio!

TODOS los niños, sean hiperactivos o no, nos sacan de quicio en ciertas ocasiones. Sin embargo, el que se lleva el premio es, definitivamente y por lejos, el niño con TDAH. Vivir con un niño que tiene TDAH puede ser muy difícil y frustrante, pero sobre todo agotador, no solo a nivel físico, sino también emocional.

Las mismas técnicas disciplinarias que usamos con nuestros demás hijos no necesariamente van a funcionar con nuestro hijo con TDAH. Por eso, los papás de niños con TDAH tenemos que ser más creativos y estratégicos para poder manejarlos de manera efectiva y positiva. Esto se debe a que, como dijimos antes, ellos son más impulsivos, distraídos y más movedizos que nuestros demás hijos. De todos los momentos del día, aquellos que más nos enloquecen son los siguientes:

Las mañanas antes de ir a la escuela

Existen dos típicos comportamientos de niños con TDAH en las mañanas antes de ir a la escuela:

Tipo 1

El niño que se despierta antes de lo que debe, como a las cinco o seis de la mañana, lleno de energía, pero con poco control sobre sus acciones. No solo se despierta temprano, sino que se pone a jugar y, generalmente, despierta a los demás hermanos. Sin embargo, por más energía que tenga, hacer que estén listos para ir a la escuela es una cosa de locos.

Tipo 2

Este tipo es muy similar al anterior en el sentido de que es una batalla sin fin tenerlo listo para ir a la escuela. Sin embargo, este tipo de niño no es el que se despierta a las cinco o seis de la mañana, sino que, por el contrario, es al que le cuesta salir de la cama. Se mueve a paso de tortuga, como si no tuviese conciencia de que tiene que llegar a la escuela a una determinada hora.

Tips que ayudan:
El temporizador

¿Conocen esos relojes con cuerda que se usan para cocinar? Los temporizadores. ¡Cómprense uno! No saben cómo ayudan. Por ejemplo, lo que yo hago es despertar a Luca y a sus hermanos a las 6:40 a. m. y les digo que tienen hasta las 7:10 a. m. para vestirse, tomar desayuno, lavarse los dientes y ponerse los zapatos. Pongo el temporizador con el tiempo que les doy para cumplir con todo eso (30 minutos) y pueden suceder dos cosas:

a. Si suena el temporizador y no está listo, ya sabe que ese día no podrá ver televisión. Yo ya no peleo con él ni tengo que gritar. Simplemente le digo: "Qué pena, Luca, no olvides que hoy no puedes ver la tele".

b. Si termina antes o justo cuando suena el temporizador, el tiempo extra que tiene hasta las 7:25 a. m., que es la hora en que salimos para ir a la escuela, lo puede usar para lo que él quiera: ver tele, jugar con sus legos, etc. Es como un premio.

Claro que para llegar a esto es clave conversar con el niño y explicarle para qué sirve el temporizador y cómo lo ayudará a calcular el tiempo. Además, contarle sobre los premios y las consecuencias de no cumplir con el tiempo. Pero lo mejor de todo es que nos ahorramos pleitos.

Con respecto al temporizador, es conveniente empezar dándoles a los chicos un tiempo bastante holgado para, gradualmente, ir acortándolo. El tiempo holgado es importante al principio porque motiva a los chicos a ganarle al reloj. Es más, celébrenlo con frases como "¡Ja! ¡Te ganamos, relojito!". Y es bueno que descubra lo gratificante de ganarle porque, además, tiene tiempo libre para jugar o ver tele. A medida que va cumpliendo con estar listo a tiempo, debemos recortar la duración del temporizador. Eventualmente, ya no lo necesitaremos, y este juego les encanta.

Claro que, además del temporizador, debemos dejar la ropa y todo lo de la escuela listo la noche anterior.

"yo manejo mi tiempo..."

Otra alternativa es la que hace una amiga mía. Ella ha optado por grabar un disco (CD) para su hijo. Un día se sentó con él y le dijo que se le había ocurrido una idea para que él hiciera todas las cosas a tiempo, solito y sin olvidarse de lo que tiene que hacer cada mañana. Juntos grabaron un disco con la voz del niño y, básicamente, iba así: "Hola, Martín, son las 6:30 de la mañana y nos tenemos que levantar para ir a la escuela". Luego comenzaba una canción escogida por él que duraba dos minutos. Martín sabía que, al terminar, él debía salir de la cama (era para que flojeara un poquito antes de cambiarse porque era perezoso). Después continuaba su voz: "A cambiarse, Martín", y comenzaban otras canciones con una duración de 10 minutos que le daban tiempo para cambiarse. En medio de la canción, Martín hablaba y decía cosas como: "Ya debería estar poniéndome los zapatos". Y así, el disco avanzaba hasta la hora del desayuno y el momento de irse a la escuela. Esto les funciona muy bien a Martín y a su mamá. Ella es quien reproduce la grabación todas las mañanas, pero deja a Martín solo con su disco. Es una manera simpática para que haga las cosas de forma independiente, sin tener a la mamá encima diciéndole: "Apúrate y lávate los dientes... ahora ve a tomar desayuno". Por un lado, nos ahorramos el fastidio y la molestia, y por el otro, él siente que nadie lo mandonea, sino que es él quien se está "administrando".

La checklist

Otro sistema que puede ser muy útil para las mañanas es hacer una *checklist* (o lista de chequeo) de las cosas que deben hacerse antes de ir a la escuela:

Ponerme la camisa y el pantalón.	X
Ponerme el cinturón.	X
Ponerme los zapatos y calcetines.	
Tomar mi desayuno.	
Lavarme los dientes.	
Peinarme.	
Ver que todas mis cosas están en mi mochila.	

Lo ideal es hacer una *checklist* con los días de la semana y, diariamente, el chico debe de ir marcando lo que va haciendo y así se asegura de que no se olvidó de ningún paso:

ACTIVIDADES	LUN	MAR	MIE	JUE	VIE
Ponerme la camisa y el pantalón.	X				
Ponerme el cinturón.	X				
Ponerme los zapatos y calcetines.					
Tomar mi desayuno.					
Lavarme los dientes.					
Peinarme.					
Ver que todas mis cosas están en mi mochila.					

Para que la *checklist* funcione, primero debes sentarte con tu hijo y elaborarla con él. No hay nada peor que mostrarle el cuadro hecho y decirle: "De ahora en adelante debes hacer esto...". Eso es una orden, y a los chicos con TDAH hay que motivarlos a probar cosas nuevas. Si uno le explica la utilidad del cuadro y lo desarrolla con él en forma de juego, el niño con TDAH lo usará con mucho entusiasmo. No se olviden de que ellos también son muy competitivos. Un punto importante para que el cuadro funcione es que debe estar en un lugar visible. Yo he probado colocándolo en el espejo del baño o también en un corcho que coloqué en su cuarto. OJO: Amarra un lapicero o lápiz cerca, porque si no se puede demorar 30 minutos solo buscando un lapicero para llenar la *checklist*. Nota que he mencionado la palabra "amarra". Y es que no solo es importante amarrarlo para que lo tenga cerca, sino que, si está suelto, lo más probable es que se distraiga haciendo otra cosa con el lapicero menos cambiarse.

Es crucial que el niño entienda que las mañanas en días de escuela son su responsabilidad, y si él demuestra una falta de responsabilidad al no estar listo a tiempo, al discutir, al fastidiar al hermano en el desayuno, etc., pues tendrá que vivir las consecuencias.

Las consecuencias. Esto debemos aclararlo también. El chico debe de tener muy claro cuáles son los comportamientos inaceptables o indebidos en la mañana y cuáles son las consecuencias por cada comportamiento indebido, en caso de que se presente. Prepara otro cuadro, junto con él, y detalla los comportamientos "inadecuados" en el momento de alistarse para ir a la escuela:

COMPORTAMIENTOS INACEPTABLES EN LAS MAÑANAS
1. Jugar con la comida a la hora del desayuno.
2. Fastidiar a los hermanos mientras tomamos desayuno.
3. Alistar mi mochila a última hora... cuando ya me están esperando en la puerta.
4. Gritar y despertar a la gente.
5. Jugar cuando debería estar cambiándome.
6. No estar listo a la hora indicada.
7. Etcétera.

Previamente haz una lista de las posibles actividades caseras que podría hacer tu hijo, como por ejemplo, regar las plantas, poner la mesa todos los días, pasear al perro en las noches, doblar la ropa, etc. Escribe cada una de estas actividades en una ficha o cartulina pequeña y guárdalas en una cajita o sobre que tú administres.

Además, el cuadro de comportamientos inaceptables lo debes completar colocando en una columna a la derecha la CONSECUENCIA de cada uno de los actos. Por ejemplo:

COMPORTAMIENTOS INACEPTABLES EN LAS MAÑANAS	CONSECUENCIA
1. Jugar con la comida a la hora del desayuno.	Cumplir con alguna de las actividades de las tarjetitas (las saca como sorteo y tiene que cumplir lo que le toca por el periodo de tiempo que tú le indiques).
2. Fastidiar a los hermanos mientras tomamos desayuno.	Igual.
3. Alistar mi mochila a última hora… cuando ya me están esperando.	Igual.
4. Gritar y despertar a la gente.	Igual.
5. Jugar cuando debería estar cambiándome.	No ver televisión por dos días.
6. No estar listo a la hora indicada.	Igual.
7. Etcétera.	Tres días sin televisión o algo que sea un poco más grave para el chico.

Ten por seguro que, si se demoran o fallan en completar su *checklist*, luego de sufrir las "consecuencias", lo va a pensar dos veces antes de fallar otra vez. Noten que he usado la palabra "consecuencia" y no castigo. La palabra "consecuencia" es más formativa que castigo. Mientras que el castigo reprime, la consecuencia hace que el chico se haga más consciente de su comportamiento.

CAPÍTULO 4

Bueno, tomemos aire que viene lo bueno

SEGURAMENTE luego de leer lo anterior empezamos a sentirnos ofuscados y tensos. Ya que eso es lo que más se promueve y se conoce del TDAH: el exceso de energía, que hablan mucho, que se mueven mucho, que son torpes, que tienen letra fea, que son impulsivos, etc.; las consecuencias negativas o, más bien retadoras que, si las trabajamos bien, podemos llegar a minimizar.

Empecemos por aprender a pensar diferente...

EN VEZ DE VER A NUESTRO HIJO COMO...	VEÁMOSLO COMO...
Hiperactivo	Con energía
Impulsivo	Espontáneo
Distraído	Creativo
Soñador	Imaginativo
Impredecible	Flexible
Argumentativo	Independiente
Terco	Comprometido
Irritable	Sensible
Agresivo	Asertivo
Que tiene TDAH	Único

Ahora veamos lo poco que se sabe del niño con TDAH y descubramos juntos lo bendecidos que podemos estar por tener un niño así. El niño con TDAH es un ser especial.

Especial porque es...

- **Hipersensible e intuitivo**
- **Sensitivo**
- **Muy inteligente**
- **Dotado de una memoria increíble**

Hipersensibilidad e intuición

Hace mucho tiempo, cuando Luca tenía tres años, fuimos a una fiesta de cumpleaños. Salieron los típicos muñecos de Barney, Winnie Pooh y Tigger para animar la fiesta y comenzaron a regalar globos a todos los niños del cumpleaños. Luca recibió feliz su globo, pero después se dio cuenta de que los muñecos no tenían globo. Así que le tocó la panza a uno de ellos y le regaló el suyo. Yo casi me muero por la ternura del gesto.

Los niños con TDAH tienen una capacidad para leer los ojos de las personas que va más allá de lo normal. A ellos les preocupa mucho cómo se sienten los demás y se dan cuenta si estamos bien o mal. Son altamente empáticos y les resulta muy fácil ponerse en los zapatos de los otros, al punto tal de que se pueden sentir tan afectados por los problemas de otras personas como si fuesen sus propios problemas.

Un niño con TDAH puede detectar si su profesora de matemáticas en la escuela tiene algún problema. Es más, esa situación lo puede mantener distraído toda la clase, porque se la va a pasar tratando de ver qué puede hacer para que su profesora se sienta mejor.

Esta hipersensibilidad es maravillosa porque los dota de un don muy humano y espiritual. Sin embargo, también es peligrosa. Son tan sensibles que un comentario negativo, por más insignificante que sea, lo magnificarán a la máxima potencia. Por ejemplo, un profesor le puede decir al niño: "Qué buena presentación, el contenido que expusiste estuvo muy bien, los dibujos también. Qué pena que olvidaste colocar el título en la cartulina". Pero ese minicomentario es lo que le va a preocupar todo el día, a tal punto de que se olvidará de los comentarios positivos que le dieron. Por eso debemos saber bien cómo manejar la crítica con estos niños. Es importante que, como padres y profesores, desarrollemos un estilo positivo de crítica, por más paradójico que esto pueda sonar. Debemos enfocarnos en lo siguiente:

Lo positivo

Si un niño se sacó 4 en un examen, generalmente vemos lo negativo: reprobado, se equivocó en 6 puntos. Bueno, tenemos que voltear la tortilla acá también y comenzar viendo los 4 puntos acertados. Entonces, resaltemos el esfuerzo positivo que tuvo y luego, por supuesto, comentemos acerca de los 6 puntos que no acertó. Pero de manera constructiva, pensando en el futuro y no como un castigo.

El futuro

No critiquemos los puntos malos. Es decir, no ganamos nada diciendo "Esto estuvo mal... te equivocaste... no pusiste... te olvidaste...". Debemos siempre retroalimentar al niño sobre cómo debió responder para sacarse una mejor nota y qué esperamos de él en el futuro. Por ejemplo: "Luca, tu trabajo estuvo bien en esta parte, pero es importante que coloques el título del trabajo para que la profesora sepa de qué se trata, ¿no te parece?". El niño con TDAH necesita tener una visión clara de lo que se espera de él.

En situaciones caseras es igual. Antes de ir, por ejemplo, a una reunión familiar, es importante que le expliquemos al niño lo que esperamos de él. No me refiero a decirle: "Está prohibido que rompan las plantas de la tía Carmen". Hagan que el niño se ponga en el lugar de la tía Carmen y pregúntenle cómo le gustaría a Carmen que se porten los niños que ha invitado a su casa. Él solito les dirá todo lo que ustedes le ordenarían. Pero, como nace de él mismo, lo asumirá de una manera más positiva. Claro que es importante que luego de que él les diga: "A mi tía Carmen le gustaría que los niños saluden, que se porten bien, etc.", ustedes redondeen la idea diciéndoles algo como: "Claro, entonces vamos a portarnos como nos acabas de decir, ¿sí? No le rompamos las plantas, saludemos".

Los sentidos del niño con TDAH

Los niños con TDAH tienen un radar multisensorial. Ellos escuchan, ven y sienten con mayor intensidad que el resto de nosotros. Por ello, los papás tenemos que tener cuidado de lo que hablamos delante de ellos. Aunque estén concentradísimos jugando con carritos, están con una "antena parada" escuchando lo que conversamos. Ellos escuchan los murmullos, los sonidos del aire, del papel, de la gente jugando con los lapiceros, de todo. Por un lado, esto los distrae mucho, pero también hay muchos casos de niños con TDAH que pueden hacer más de una cosa a la vez. Como preguntarían muchos de ellos: "¿Acaso no lo pueden hacer las demás personas?". Pues no. Los niños con TDAH pueden hacer una operación matemática en la cabeza y al mismo tiempo estar armando un Lego y tarareando una canción.

Esto puede confundirnos mucho a los padres y mucho más a los profesores. Hay veces en que hemos recibido notas de profesoras para reunirse con nosotros porque nuestro hijo "se dispersa mucho". Cuando nos reunimos con ellas nos cuentan cosas como: "Estoy en clase explicando algo y tu hijo se pone a jugar con la carpeta o con unos clips y no presta atención". Después de tantas notas de este tipo que recibí y después de tantas reuniones de las que salía preocupadísima pensando que mi hijo jamás iba a aprender como los demás, se me ocurrió preguntarle a la profesora: "¿Y Luca entiende lo que tú estás explicando en clase?". Para sorpresa mía, pero mucho más para las profesoras, la respuesta fue "Sí". Lo importante, al menos para mí, es eso. Es decir, que capte el contenido de la clase. Y si se pone a hacer otra cosa, es por alguno de estos motivos:

1. Porque puede darse el lujo de hacer más cosas a la vez.
2. Porque ya captó lo que la profesora quiso decir y se está aburriendo.
3. Porque efectivamente se distrajo.

Lo importante es estar en permanente contacto con la profesora para conocer lo que está pasando y trabajar juntos en una estrategia para manejar al niño.

También es fundamental que la profesora sea consciente de que el niño es hiperactivo y que ellos necesitan moverse de vez en cuando. En el caso de que el chico capte rápidamente los conceptos de la clase y comience a dispersarse porque se aburre, pídanle a la profesora que haga alguna de estas cosas:

- Que lo nombre su asistente y le diga que necesita su ayuda para alguna actividad.
- Que le dé material para que vaya adelantando algún tema.
- Que le presente algún reto: "A ver cuántas sumas puedes hacer en un minuto", etcétera.

Una memoria increíble

La memoria de un niño con TDAH es increíble por dos aspectos que parecen contradictorios. Primero, porque a los papás y profesores nos pueden sacar de quicio cuando pierden sus cosas de la manera más inimaginable y nunca se acuerdan de dónde las dejaron la última vez.[2]

Y en segundo lugar, por el contrario, nos pueden dejar con la boca abierta por la cantidad de información que pueden captar, retener e interpretar. No es fácil descubrir esta característica en nuestros niños con TDAH por lo mismo que muchas veces parecen distraídos, soñadores y como que "no encajan" con el sistema escolar. Lo que tenemos que conocer es cómo aprenden estos niños. Ellos presentan

---

[2] Este punto será trabajado más adelante en la parte de *tips*, que básicamente están orientados a ayudar a nuestro hijo a saber cómo manejar este tipo de situaciones y también a cómo hacer para no volvernos locos con el gasto que nace de todas estas cosas olvidadas.

mayor facilidad con lo visual a diferencia de la mayoría de las personas. Además, necesitan una metodología diferente de enseñanza para poder, potenciar su capacidad memorística. Este tema lo exploraremos más adelante en el capítulo "Cómo aprenden".

En resumen

Aprendiendo a apreciar el lado positivo de nuestro hijo hiperactivo, y con herramientas sencillas para que gestione mejor sus lados menos fuertes, podremos mejorar la convivencia, reforzar su autoestima y potenciar sus habilidades.

CAPÍTULO 5

La autoestima del niño con TDAH

COMO padres, nuestra mayor preocupación debe centrarse en conocer lo que nuestros hijos piensan de ellos mismos. Es decir, conocer cómo se encuentra su autoestima. La imagen que tiene tu hijo de sí mismo es el resultado de muchos procesos, y uno de ellos se basa en el tipo de refuerzos que recibe día a día de los papás y de todos los que lo rodean (hermanos, profesores, amigos, etc.).

Nosotros tenemos nuestra propia imagen personal basada en diferentes capacidades que podemos o no tener, además de la crianza que hemos recibido, entre otras cosas. La imagen personal de nuestros hijos es bastante variada en la edad temprana. Esta fluctúa entre imágenes positivas y en horribles imágenes negativas de ellos mismos.

Conocer qué piensa nuestro hijo de sí mismo es muy complicado. Intenta hacer tú mismo el ejercicio y trata de pensar lo siguiente:

1. ¿Qué pensará mi hijo de sí mismo?
2. ¿Qué pienso yo de mi hijo?
3. ¿Qué pensará su hermano de él?
4. ¿Qué pensará su profesora de él?
5. ¿Se sentirá inteligente?
6. ¿Se sentirá valioso, importante?
7. ¿Se sentirá feliz?

Este es el tipo de preguntas que nos deberíamos hacer y, si sentimos que nuestros hijos se pueden sentir tontos, torpes o incapaces, siempre hay maneras de atacar estos problemas para lograr que la imagen se torne positiva.

Nuestra labor como padres es la de ser "entrenadores" de nuestros hijos para lograr una buena y sólida autoestima.

Si nuestros hijos tienen una sólida autoestima, serán felices, y ese es el sueño más anhelado de todo padre.

Como mencioné, los padres somos los "entrenadores" para que nuestro hijo tenga una autoestima "en forma". Para conseguir eso, debemos ser expertos en motivación. Debemos motivarlos a tener aspiraciones positivas en la vida y a que se crean totalmente capaces de lograrlas. Para ello, tenemos que trabajar en esa autoimagen que deben desarrollar nuestros hijos. Que se "vean" totalmente felices, triunfadores y capaces de alcanzar sus sueños.

Para que esto funcione, debemos comenzar con nosotros mismos. Para ser buenos entrenadores de la autoestima tenemos que comenzar siendo mensajeros del buen humor y el positivismo. El padre negativo, pesimista e indiferente contagiará a su hijo y este, obviamente, será así también. Si somos padres que no le damos el amor que nuestro hijo necesita, el chico sentirá que "no merece más amor". Si nuestro hijo siente que no logra buenos resultados en nada, entonces autolimitará sus posibilidades de desarrollo a lo que le permite asegurar cierto logro. Entonces, tendremos hijos conformistas e inseguros. Y, por otro lado, el niño que recibe comentarios como: "Hijo, qué bien que terminaste en tercer lugar, te felicito, pero qué pena que no terminaste primero" va a pasarse el resto de su vida tratando de complacer y ganarse la aprobación de sus padres.

Entonces, el primer paso para mejorar la autoestima de nuestros hijos es siendo positivos y motivadores. Una vez que comenzamos con esta parte del entrenamiento, veremos que nuestros hijos poco a poco comenzarán a lograr metas. Pero lo más importante es que veremos que nuestros hijos están más contentos consigo mismos, se trazarán metas más ambiciosas, esperarán más de ellos mismos, y así serán más felices y disfrutarán la vida mucho más.

La imagen positiva que nuestros hijos desarrollen de ellos mismos comienza por cómo las personas importantes de su vida lo ven a él.

Si nosotros tratamos a nuestros hijos como personas importantes, atractivas, valiosas y divertidas, lo más probable será que ellos se vean de la misma forma.

Cuando nació mi segundo hijo, Piero, comencé a preguntarme qué es lo que realmente me gustaría que fueran mis hijos. Es decir, cuál es mi meta o mi misión como mamá. Luego de darle mil vueltas al tema y de pensar que en realidad todo se centra alrededor de la felicidad, resumí mi misión como mamá en la siguiente frase: "Quiero darles a mis hijos raíces y alas". Es decir, quiero que mis hijos tengan principios sólidos, pero también que desarrollen una seguridad en sí mismos tan sólida que se sientan capaces de hacer realidad sus sueños, de volar. También concluí que, definitivamente, no quiero formar a mis hijos como a mí me gustaría que sean, sino como a ellos les gustaría ser. Es decir, según sus propios sueños y sus metas personales, y no las mías. En otras palabras, que vivan su vida para ellos y no para nosotros, los papás.

El desarrollar esta misión como mamá me ha ayudado mucho para poder trazarme un plan de educación. Increíble, pero nunca pensé que lo que uno aprende en los cursos de administración y en el trabajo (la misión, la visión, la planificación, etc.) también se puede trasladar y de forma efectiva y con el mismo efecto en la vida personal.

Prácticamente, de la frase que resume mi misión he desarrollado temas que creo que debo inculcar en mis hijos para que así logren ser seres libres y tomen sus propias decisiones, basadas en sus principios y para que sean fuertes para defenderlas. En mi caso, a fin de alcanzar esa misión, tengo que enseñarles a mis hijos los siguientes pasos:

1. **Que descubran lo maravillosos que son.**

2. **Que son únicos. Que no requieren imitar a nadie, sino que deben crecer emulando su propia imagen personal ideal.**

> En ese caso debo facilitar el proceso para así ayudar a que mis hijos disfruten y maximicen su propia identidad: lo que los hace únicos.

> 3. Ayudarlos a desarrollar la habilidad de querer a las personas sin juzgarlas, aceptando cómo son y resaltando lo más lindo y positivo que tienen.

> 4. Que desarrollen la capacidad de gozar realmente la vida y disfrutarla sin culpa, sin frenos, con inocencia y con amor, y que ese goce lo esparzan y contagien a otros.

Esta es mi misión y un miniresumen de mi plan de educación para con mis hijos. Yo les recomiendo que un día se sienten solos a meditar este tema y que se tracen un plan de acción. Vale la pena. Nuestros hijos son nuestro mayor tesoro, invirtamos un poco de tiempo y esfuerzo en su plan de futuro.

Como verán, la base de todo esto es el trabajo que uno como padre tiene que hacer con la imagen personal o la autoestima de sus hijos.

Como papás y también como profesores, para quienes tenemos ese papel en la vida, podemos formar personas, pero también deformarlas. Por eso, comencemos con esto que es tan sencillo y gratificante: positivismo y motivación.

Tenemos que estimular que nuestros hijos se vean como seres valiosos, a pesar de que fallen o les vaya mal en algo. Resaltemos lo positivo y sintámonos felices por sus intentos.

Si nosotros conseguimos que nuestros hijos desarrollen una alta autoestima y una imagen personal sólida; entonces ellos desarrollarán la tan ansiada confianza en ellos mismos; en otras palabras, sentirse seguros de sí.

Las personas seguras de sí mismas serán personas capaces de asumir riesgos. Además, tendrán la capacidad de retarse para aspirar a más y tendrán mayor coraje para ser fieles a sus principios.

Para poder desarrollar esa confianza en uno mismo, uno tiene que actuar. Es decir, estar orientado a la acción y no solo pensar en el término y contemplarlo. Uno como padre debe estimular a su hijo para que se arriesgue, incluso desde muy chico. Por ejemplo, Matías, mi tercer hijo, siempre me pedía que lo bajara de unos juegos cuando se aburría. Un día, cuando él tenía dos años, yo estaba un poco lejos y él ya se quería bajar. Así que intentó hacerlo solo, pero se asustó. Entonces me acerqué y simplemente lo guie para que lo intentara, asegurándole que yo estaría ahí por si algo le pasaba. Efectivamente, el chiquitín se bajó solo del juego y la sensación de logro irradió en toda su carita.

Cuanta mayor experiencia adquiere tu hijo en algún área, mayor sentido de confianza en sí mismo conseguirá. Y el mayor estimulante para que logre esta confianza es que ellos sepan que tú, como mamá o papá, creas que él va a lograr lo que se proponga. Hay que creer en ellos con entusiasmo, sin temor.

Los peores y más comunes errores para destrozar la autoestima en nuestros hijos (y que muchas veces los cometemos sin darnos cuenta):

- "Eres un malcriado", le decimos a un niño cuando no obedece. También decimos frases como: "Nunca te fijas en lo que haces, mira, derramaste el jugo". Son comentarios que muchas veces se nos escapan cuando vemos que nuestros hijos cometen algún error. En estos casos desmoronamos su autoestima porque, en lugar de juzgar el acto, estamos juzgando al niño. Al decirles malcriado y torpe automáticamente les asignamos dos etiquetas. Los niños no son sus actos. Un chico que falla en algo no es un fracasado. Un chico que reprueba un examen de matemáticas no es un bruto. Tenemos que aprovechar estos momentos de "fallas" para ayudar a que nuestros hijos "crezcan" y se desarrollen. Cada falla en la vida es una oportunidad para crecer y mejorar. No importa qué tanto fallen nuestros hijos, siempre recordémosles que son valiosos.

- "Ven, hijito, yo te quito el suéter", le decimos muchas veces a nuestros más pequeños cuando los vemos pataleando tratando de hacer algo solos. No hagamos las cosas por ellos, que traten aunque se demoren. Desarrollando su independencia potenciamos su confianza en ellos mismos.

- "¿Hijo, podrías regar las plantas hoy?, aunque no, mejor no... Yo me encargo... No te preocupes". A los chicos debemos darles responsabilidades. Al hacerlo, le estás diciendo en otras palabras: "Confío en ti, por eso te encargo o te pido que hagas esto".

- "Eres un amor, hijo. Qué bien te portaste hoy". No es recomendable alabar a nuestros hijos solamente cuando se portan bien. Si hacemos esto, confundimos al chico y pensará que es una buena persona solamente si se porta bien, pero si se porta mal, será todo lo contrario. Tenemos que hacer que nuestros hijos sientan que son buenos siempre, cuando se portan bien o mal y que, aunque se porten mal, los vamos a seguir queriendo de la misma forma que antes. Cuando hacen algo malo, critiquemos el acto, pero no al niño. Cuando hace algo bueno, alabemos el acto, pero al niño lo tenemos que alabar siempre. Es decir, no debemos asociar el acto positivo con el amor de mamá, no lo condicionemos: "Te quiero mucho, mi amor, cuando haces bien tus tareas". ¡No!, eso jamás. El "te quiero mucho" tiene que ser dicho siempre, pero independientemente de los actos. Al que quieres es al chico. Sin embargo, el comportamiento bueno sí lo tenemos que reforzar, comentémoslo, pero no condicionado al amor de mamá o papá.

- "Gordito lindo", "flaquito", etc. ¿Cuántos apodos de cariño les ponemos a nuestros chicos? Aunque suene absurdo puede influir en la imagen personal de nuestros hijos que les digamos "gordito", etc. Es mejor evitarlo y usar ese nombre que tanto nos costó escoger cuando nacieron.

- "Mira cómo está de ordenado el cuarto de tu hermano y el tuyo es un desastre". Las comparaciones nos pueden destrozar. No lo hagamos por favor, respetemos la individualidad de cada chico y llamémosle la atención o pidámosle que ordene su cuarto sin compararlo con el cuarto de nadie.

- Lo más grave de todo: mantener distancia con nuestros hijos y no besarlos, tocarlos, abrazarlos lo suficiente. Los chicos tienen que sentirse queridos no solo porque uno se los dice, sino porque también lo expresa físicamente: con besos, con juegos, con abrazos, etc. Expresemos amor hacia nuestros hijos verbalmente, físicamente y también con detallitos. ¿No nos encanta cuando nuestra pareja nos regala flores o nos trae un dulcecito? ¿No nos derretimos cuando nuestro hijo nos hace un dibujo? Bueno, ¿cuántas veces hemos hecho este tipo de cosas por ellos? Por qué no dejarles un mensaje en una nota adhesiva pegada al espejo de su baño o en el bolsillo del pantalón del uniforme diciéndole: "Hijo, ten un lindo día. Te quiero mucho". Hay que sorprenderlos de vez en cuando; un dulcecito también les encanta, y así les mostramos que nos acordamos de ellos. Y por qué no, ¿hacerles un dibujo? De seguro les rompemos los esquemas totalmente.

Aparte de identificar estos típicos comportamientos, que a veces se nos escapan, debemos resaltar algunos otros que provocarán un ambiente de mejora continua:

- Alabar en lugar de criticar. Cuando criticamos constantemente a nuestros hijos los hundimos, y lo peor de todo es que ellos mismos comienzan a hacerse exactamente eso: autocriticarse y, por consecuencia, a pensar menos de ellos mismos. A nadie le gusta ser criticado o corregido constantemente. Alabemos a nuestros hijos por intentar hacer algo, aunque no hayan conseguido un buen resultado, ya que al hacerlo los estamos estimulando a que tome riesgos. Tenemos que hacerle sentir a nuestro hijo que estamos de su lado, que somos del mismo equipo, y así sentirá que uno lo apoya en lugar de hundirlo.

- Impulsa a tus hijos a hacer cosas que no han hecho jamás. Es decir, a asumir riesgos. Recuérdales que fallar es algo común, pero que uno siempre tiene que intentar hacer cosas nuevas o de una manera diferente. Por ejemplo, proponle que intente trepar un cerro o que salga a correr un par de kilómetros. Y en lugar de decirle: "Ten cuidado; si te cansas, paramos", dile: "Trata, vamos, sí puedes".

- Si alguna vez escuchas a tu hijo decir: "Mi letra es horrible...; soy un gordo feo...; qué bestia soy en matemáticas", es tu turno para entrar y sacarlo de ese estado de ánimo. Estos comentarios son indicios de que su autoestima está en picada y debes actuar *ipso facto*. Dile cosas como: "Tú puedes lograr cualquier cosa que realmente quieras alcanzar", "Te va a ir bien en el examen si practicas mucho las matemáticas", etc. Tenemos que voltearle la imagen negativa que tiene de sí mismo a una positiva. Incluso, ayuda mencionar momentos heroicos o buenos que hayan tenido, como :"Te acuerdas lo bien que hacías tus tablas de matemáticas, vamos, yo te he visto multiplicar rapidísimo, seguro que con las divisiones vas a ser igual". No hay que darles un sermón en estas ocasiones. Simples frases de reconocimiento y de positivismo ayudan.

- Tratemos de reducir el énfasis en las notas y otros tipos de mediciones. Es decir, muchas veces sentimos que nuestros hijos son una maravilla porque sacaron buenísimas notas o si obtuvieron una felicitación de la profesora o algún premio. La autoestima viene de adentro, de nosotros mismos y no de premios y notas. Tenemos que enseñarles que son valiosos, aunque no saquen premios ni grandes notas. Tienen que apreciarse por lo que son y no por lo que los premian. Porque el día que se saque una nota promedio se va a desmoronar por completo, se va a sentir inferior y, como sabemos, uno no puede ser siempre el número uno. La autoestima de nuestros hijos debe de ser resultado de SU propia autoevaluación y de SU propia opinión acerca de sí mismos y de lo que hacen. Por ejemplo, cuando recibo las notas de mis hijos, los felicito por lo buenas que son. Pero si no han obtenido buenas notas, conversamos para ver qué vamos a hacer el siguiente bimestre para mejorarlas (OJO: conversamos. El plan lo hacemos juntos, no se olviden que estamos en su equipo. Si los criticamos, el resultado va a ser peor, van a estar asustados y desmotivados). Algo que siempre hago es preguntarles cómo se sienten ellos de sus notas. Es importante que ellos se hagan conscientes de que las notas son de ellos y no de los papás y de que son un indicador para saber en qué está uno bien y en qué se debe mejorar. Así es que ellos entenderán que las notas no juzgan, sino que orientan para que, en el siguiente bimestre o año de estudios, uno pueda saber en qué debe esforzarse más.

Cuando me reúno con papás de mis alumnos en la universidad, muchas veces vienen porque sus hijos no les muestran las notas y quieren que yo les comente cómo van. Entiendo totalmente a los chicos porque imagino que se mueren de miedo si sacaron malas notas, ya que quizá los papás se molestarán o los castigarán quitándoles el carro, la mesada o algo por el estilo. También entiendo a los padres porque pagan un montón de dinero para que sus hijos terminen la universidad y se preocupan mucho de que estén bien. Sin embargo, me da pena porque pienso que papás e hijos están en dos equipos separados: no se están comunicando bien y el miedo y el castigo son los medios de educación. Debemos tratar en lo posible que nuestros hijos sientan que estamos de su lado, que los vamos a apoyar, aunque hayan reprobado todas las materias. Los chicos no reprueban porque sí. Es nuestra responsabilidad identificar qué pasa y ayudarlos.

Hagamos que nuestros hijos aprendan y practiquen el entusiasmo en las cosas y evitemos los "estoy aburrido"

Los papás tenemos que identificar a qué se refiere nuestro hijo cuando nos dice que está aburrido, porque muchas veces quiere decir: "Mamá, haz algo para que me divierta". Si este es el caso, tenemos que estimular a nuestros hijos a ser lo suficientemente creativos para entretenerse sin depender de nosotros o de nuestros planes. De repente se te ocurre un juego y le das el ejemplo de ser creativo. O quizá se te ocurre un reto, como, por ejemplo, darle una bolsa de palitos de helado, algodón, goma, clips, etc., y le dices: "A ver qué se te ocurre hacer con todo esto". Siempre recuérdales a tus hijos que, si están aburridos, es porque ellos eligen estar aburridos. Recuérdales que hay miles de cosas que pueden hacer: andar en bicicleta, hacer actuaciones, escuchar música, dibujar, cocinar y hasta pensar.

Enseñémosles a nuestros hijos a no juzgar a los demás

¿No les pasa a ustedes que cuando comentan el error de alguna persona en el trabajo, sienten que son mejores? Por ejemplo, comentarle a un compañero de trabajo: "¿Sabes lo que hizo Susana? Imagínate que presentó un presupuesto con errores de suma en el comité de esta mañana". Al hacer este tipo de comentarios (que nos encantan), automáticamente estamos poniendo a la otra persona por debajo de nosotros y nos comenzamos a sentir superiores. Esto es muy común entre los grandes y, en realidad, lo hacemos porque de alguna manera puede ser que nos sintamos amenazados por otra persona o porque nos podemos sentir un tanto inseguros. Es natural, pero tratemos de enseñarles a nuestros hijos a no hacerlo. Para eso, hagamos un esfuerzo en "rajar" menos (o al menos no delante de nuestros hijos) y que nos escuchen hacer comentarios positivos de la gente, como "Sandra, qué linda te ves", "Qué simpático es Humberto, siempre está de buen humor".

Promovamos la honestidad con uno mismo en nuestros hijos

Muchas veces cuando fallamos creamos todo un mundo paralelo para echarle la culpa o para encontrar la razón de nuestra falla. Por ejemplo: "Saqué 5 en este trabajo porque el profesor la trae contra mí". Corrijamos a nuestros hijos y digámosles: "No, sacaste 5 porque a tu trabajo le faltó sustento, porque esta parte podía haber estado mejor. Creo que para el próximo trabajo podrías dedicarle más tiempo a la investigación". Este tipo de comentarios lo podemos escuchar muy seguido en los chicos y sobre todo en los adolescentes. Yo lo escucho a cada rato en mis clases: "Carla, no tenemos el trabajo porque la persona que tenía que imprimirlo está enferma". Yo les digo que "me da mucha pena porque son excelentes alumnos, pero es responsabilidad de todos tener el trabajo y debieron asegurarse con tiempo de que estuviera o imprimir un juego adicional por si acaso". Que no se engañen. Un niño que aprende a ser honesto consigo mismo aprenderá a respetarse más y para esto nosotros, los papás, tenemos que colocar un énfasis súper importante en la honestidad. Es decir, debe estar en la cúspide de nuestras prioridades.

Para fomentar la honestidad con uno mismo, tenemos que comenzar con nosotros mismos

Si vamos a comprar algo, no pidamos que nos lo den sin factura para evitar el pago de los impuestos. Si no vamos a ir a una reunión porque nos da flojera, no digamos: "Disculpa que no pueda ir a tu reunión, pero mi marido no se siente bien" cuando tu marido está feliz de la vida en su trabajo. Si ellos ven este comportamiento en nosotros, pues no tenemos ningún derecho a exigirles que no lo hagan. Lo que yo hago con mis hijos (porque tengo que confesar que a veces se me escapan estas cosas) es decirles que me ayuden a dejar de hacerlas y, si me atrapan diciendo una mentirita blanca, que me lo hagan notar para no volver a hacerlo. Y, en verdad, estoy tratando de no hacerlo, aunque me cueste.

Para que sea sincero y honesto, tenemos que crear un ambiente donde el chico se sienta seguro y tranquilo de decir la verdad

Supongamos que nuestro hijo rompió una ventana jugando futbol con sus amigos y nos cuenta que la rompió y nos lo comemos vivo a gritos y castigos. Lo más seguro es que la próxima vez que le pase algo malo no nos lo cuente o, por lo menos, dude en hacerlo. ¿No lo haríamos acaso nosotros? ¿Qué hacer? Escucharlos tranquilamente y conversar sobre el tema. Si el caso es que sacó una nota mala, igual conversen sobre el hecho y trácense un plan de mejora. Pero si creamos un ambiente centrado en el castigo y el miedo, nuestros hijos sentirán que no es bueno decir la verdad porque si lo hacen y es honesto, lo van a castigar. No quiero decir que no lo castiguen, pero sí escúchenlo, reflexionen sobre el hecho y conversen sobre el castigo. Lo va a comprender y a asimilar bien.

Recuérdale a tu hijo de vez en cuando lo maravilloso que es

Simplemente díselo. Cuéntale lo feliz que te sientes de ser su mamá o papá.

Permítele a tu hijo la oportunidad de expresar su individualidad

Es decir, que pueda desarrollar sus propios intereses. Si siempre quisiste que tu hijo jugara tenis, y más bien le gusta la música, no lo presiones, permítele explorar sus propios intereses. Dale pautas para que elija bien, pero que sea él quien elija sus intereses y los explore.

CAPÍTULO 6

¿Cómo piensa y aprende mejor el niño con TDAH?

EN una de las tantas citas con las profesoras de Luca, una de ellas me comentó que estaba preocupada porque, cuando ella escribía algo en el pizarrón, Luca no sabía por dónde comenzar a copiar: si por la parte de arriba, por el centro o por el final. A mí me pareció loquísimo eso y no me imaginaba cómo a una persona podría ocurrírsele copiar las cosas de abajo hacia arriba. Pero de ahí recordé cómo yo cuando era chiquita dibujaba al revés y luego volteaba la página.

Una persona sin TDAH jamás haría esa pregunta. ¿Por qué? Porque la mayoría de las personas sin TDAH tienen dominio de la parte izquierda del cerebro. Es decir, son personas más secuenciales, lógicas y racionales y, por ende, tienen mayor facilidad para seguir instrucciones, para ser ordenados y para escribir en general.

Si nos ponemos a pensar un poquito más, el mundo está orientado a admirar y preferir la dominancia cerebral izquierda. Desde chiquitos vemos cómo las profesoras y los papás alaban el orden de ciertos niños, lo bonito que escriben y dibujan, lo atentos que son, y son estos niños los que generalmente regresan a casa con una estrellita o un *sticker* en el cuaderno.

Las personas que piensan con el lado izquierdo del cerebro

Generalmente son personas que tienen fascinación por hacer listas, son lógicos, analíticos y bastante confiables. En la escuela les va bien porque son quienes hacen lo que les dicen que deben de hacer. Además, son personas que saben escuchar atentamente al profesor y prefieren hacerlo antes de participar en algún trabajo aplicativo en clase.

Seguramente se acordarán del nombre de una persona del pasado, pero les costará más acordarse de su cara. Esto sucede porque la información que almacenan en su mente está en forma de palabras y en textos, mas no tanto en imágenes. Asimismo, cuando deben realizar algún proyecto, prefieren que se les den instrucciones paso a paso, porque son personas que interiorizan y procesan la información por partes.

Las personas que usan el lado derecho del cerebro

Son menos comunes. Este tipo de persona es más intuitiva y creativa que racional. Procesa y retiene mejor la información de manera visual; es decir, aprende mejor haciendo y viendo cómo se hace, que cuando se lo explican paso por paso.

Si necesita recordar algo, lo buscará en su memoria visual, ya que es mejor visualizando lo que tiene que hacer que escribiéndolo. Es más, todo lo relacionado con palabras lo desorienta y, para mala suerte de estas personas, el mundo está organizado primordialmente por palabras y secuencias. En este sentido, son personas que prefieren dibujar y pensar antes que escribir y hablar.

Además, cuando tienen que desarrollar un proyecto, generalmente se van a lanzar a comenzarlo sin recibir las instrucciones y, en el camino, solitos tratarán de descubrir cómo hacerlo. No van a seguir, ni escuchar, ni leer las instrucciones. Ya que todo lo que aprenden, lo hacen de manera holística (el todo antes que las partes).

También, son personas que disfrutan haciendo varias cosas a la vez. Esto es parte de su naturaleza. Esto lo noto en mí misma, sobre todo en el trabajo o en mi casa. Por ejemplo, puedo estar respondiendo un mensaje de texto en la computadora, mientras que hablo por teléfono con mi marido y, a la vez, ordeno mi escritorio.

En conclusión, aprenden de manera totalmente diferente de aquellas personas que piensan con el lado izquierdo del cerebro.

¿Cómo sé si pienso con el lado derecho o izquierdo del cerebro?

Existen numerosos exámenes para descubrir nuestra dominancia cerebral como el *test* de Herrmann. Aquí les voy a presentar una batería de preguntas que podría aclararles un poco la duda:

1. ¿Te acuerdas mejor de las caras que de los nombres?
   a. SÍ ☐
   b. NO ☐

2. ¿Cuando tienes que armar un mueble o un juguete, eres de las personas que no lee las instrucciones y te lanzas de frente a intentar armarlo?
   a. SÍ ☐
   b. NO ☐

3. ¿Tienes un oído súper potente y escuchas hasta el último murmullo?
   a. SÍ ☐
   b. NO ☐

4. ¿Se te ocurren mejor las ideas cuando estás solo que trabajando con un grupo?
   a. SÍ ☐
   b. NO ☐

5. ¿Tiendes a hacerte sentir que no sirves, que no eres bueno en algunas cosas?
   a. SÍ ☐
   b. NO ☐

6. Cuando te piden deletrear una palabra, ¿la "ves" en tu cabeza en vez de hacerla sonar fonéticamente?

a. SÍ ☐
b. NO ☐

7. ¿Puedes imaginarte cosas en 3 dimensiones? (¿Puedes visualizar un cubo en tu mente?).

a. SÍ ☐
b. NO ☐

8. Cuando estabas en la escuela, ¿necesitabas tener una profesora que te simpatizara para que te fuera bien en la clase?

a. SÍ ☐
b. NO ☐

9. ¿Te distraes fácilmente al punto de que, frecuentemente, te encuentras pensando en nada?

a. SÍ ☐
b. NO ☐

10. ¿Eres bueno captando a la gente? Es decir, puedes "leerla".

a. SÍ ☐
b. NO ☐

11. Cuando estás en un lugar nuevo, ¿puedes ubicarte fácilmente?

a. SÍ ☐
b. NO ☐

12. ¿Eres ultracompetitivo y detestas perder?

a. SÍ ☐
b. NO ☐

13. ¿Eres tan perfeccionista que llegas al punto de que eso te impide seguir adelante con otros proyectos?

a. SÍ ☐
b. NO ☐

14. ¿Tu letra es más fea que la del promedio de gente de tu edad?
   a. SÍ ☐
   b. NO ☐

15. Cuando estudiabas algo, ¿preferías tener el panorama general del tema en vez de estudiar las partes o los hechos?
   a. SÍ ☐
   b. NO ☐

16. ¿Le cortas las etiquetas a tu ropa porque te fastidia el roce con tu cuerpo?
   a. SÍ ☐
   b. NO ☐

Cada respuesta positiva es un punto y cada respuesta negativa es 0 puntos. Si tu puntaje está entre 0 y 6, significa que tu dominancia cerebral es la izquierda. Si tu puntaje está entre 7 y 16, es porque tu dominancia cerebral es derecha.

El niño con TDAH y la dominancia cerebral derecha

Las personas que tienen TDAH, generalmente, piensan con el lado derecho del cerebro. Es decir, como hemos visto, son personas muy visuales, creativas, intuitivas. También es posible encontrar personas que piensen con ambos lados del cerebro, pero esto no es tan común (y se necesita otro *test* para descubrirlo). Así que lo común es que el lado derecho del cerebro sea el dominante en los niños con TDAH.

Por esta característica en su modo de pensar es que se les hace tan complicado estudiar en las escuelas donde se imparte un estilo de enseñanza tradicional. En este tipo de modelo de enseñanza, se tiene al profesor como el centro de atención y es él quien da la información del curso, las instrucciones de lo que se debe de hacer y, generalmente, se apoya con medios escritos y orales. El reto para el chico con TDAH en este tipo de escuelas es mayor porque no son secuenciales, lógicos, no escriben bien ni aprenden por partes.

En estas escuelas se enseña a valorar el orden y la repetición. Lo curioso, según algunos expertos, es que la mayoría de docentes en escuelas son mujeres. Esto no es por un tema cultural únicamente, sino también porque las mujeres tenemos más tendencia a pensar con el lado izquierdo del cerebro que los hombres. Si nos ponemos a pensar, la mayoría de las mujeres son más ordenadas que los hombres, son mejores en lengua que en números; incluso, si retrocedemos en el tiempo, podemos recordar que nuestros hijos aprendieron a hablar después que sus primitas o amiguitas de la guardería de la misma edad.

Esto no quiere decir que los niños con TDAH tengan un *handicap* para el aprendizaje. ¡Para nada! Lo que quiere decir es que aprenden de forma diferente. Son niños que aprecian más la metodología activa de enseñanza; es decir, valoran mucho aprender haciendo, en lugar de que le digan cómo se hace. Y aprenden mejor si se les fomenta el descubrimiento. En otras palabras, si el profesor los reta a descubrir los conceptos que les quiere enseñar en lugar de que les explique la teoría.

En un sistema educativo con metodología activa de enseñanza, el profesor estimulará al niño a que esté atento porque fomenta el descubrimiento de los conceptos mediante dinámicas y ejercicios creativos, y esto lo mantiene conectadísimo con el tema. Por otro lado, en estas escuelas no dependen principalmente del medio oral y escrito, sino que se emplean múltiples medios de enseñanza como el visual, experimental, entre otros.

CAPÍTULO 7

La lectura

LEER un libro o un capítulo puede parecer, para un niño con TDHD, una tarea titánica. Por eso, debemos ayudarlos aconsejándoles ciertos *tips* que yo comparto también con mis alumnos de pregrado en la universidad:

1. Lo primero es darle una mirada general al capítulo o, como dicen los chicos, "una barrida" a todas las partes del capítulo. Es decir, leer los títulos y subtítulos y, de repente, también ver los gráficos y cuadros que haya.

2. Lo segundo es leer las preguntas de revisión que hay al final (si es el caso) de cada capítulo. Esto ayuda mucho a que los chicos tengan una visión panorámica de lo que aborda cada capítulo de texto.

3. Los padres tenemos que entender que es muy difícil que un niño con TDAH lea un capítulo entero de una sola vez. No lo forcemos. Cada persona tiene su propio estilo de aprendizaje. Por ejemplo, mi pareja puede leer un capítulo corrido sin cambiar de tema o generalmente lee un libro y cuando lo termina pasa al otro. Yo, por el contrario, me muero si leo solamente un libro a la vez; generalmente leo salpicadamente varios libros en simultáneo. Cuando estudiaba en la universidad me pasaba lo mismo, leía dos párrafos de un curso, pero tenía que cambiar de tema, ya que me era prácticamente imposible mantener mi atención durante todo el capítulo.

4. Hacer resúmenes es fundamental. Sobre todo, porque al escribirlos nos forzamos a recapitular las cosas y sin darnos cuenta memorizamos mejor los conceptos. Además, ayuda a repasarlos antes de los exámenes.

CAPÍTULO 8

La escritura

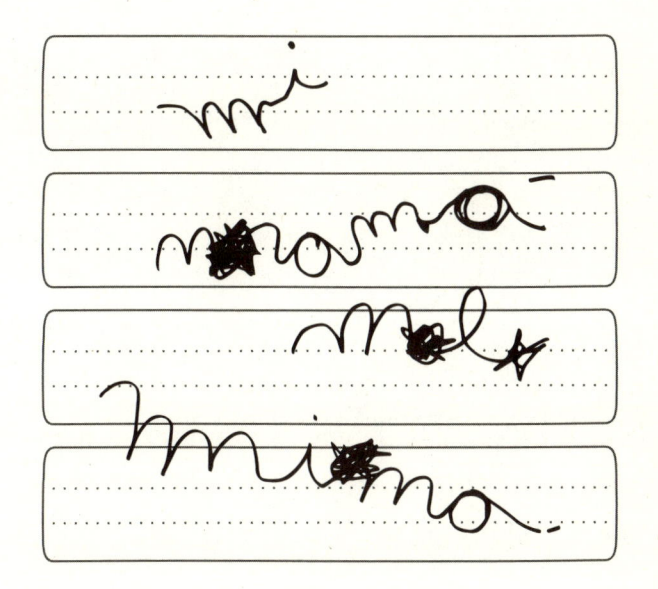

LA gran mayoría de los niños con TDAH tiene problemas de escritura; es decir, su letra es fea, desordenada y, en ocasiones, parece la de un niño menor. En mi caso, para ayudar a Luca, que tiene disgrafia (problema severo de escritura), tuve que contratar a una tutora para mejorar la psicomotricidad fina, lo que lo ha ayudado muchísimo.

Su dificultad nacía desde cómo agarraba el lápiz, cómo apoya los brazos al escribir, la posición del cuaderno, seguir cada movimiento del trazo y, por supuesto, conseguir la fortaleza necesaria en los dedos índices y pulgar para así poder sostener mejor el lápiz y tener mayor control para escribir bien y más rápidamente.

Mientras más chicos detectemos este tipo de problemas será mucho mejor. Ahora, no siempre podemos contratar una tutora para remediar estos casos, así que nosotros mismos podemos hacer algunos ejercicios sencillos, sobre todo con los más pequeñitos, por ejemplo, para fortalecer el agarre del lápiz.

Algunos de los (ejercicios) que yo he usado son los siguientes:

1. Dale una perforadora a tu hijo y muchos papeles o revistas viejas y dile que las perfore y ordene. Dado que la presión que ejerce en la perforadora es fuerte, esto será un ejercicio para sus manos.

2. Haz que rasgue papel, como hacía en el jardín o la guardería.

3. Compra pinzas para colgar la ropa y haz que el niño las abra y las cierre con los dos dedos. Serán como "pesas del gimnasio" para los dedos.

4. ¿Conoces esas pelotitas que venden para que la gente estresada las apriete en momentos de tensión, esas que en inglés se llaman *stress balls*? Estas también son un buen ejercicio

para las manos. Haz que tu hijo las apriete todos los días por uno o dos minutos por mano.

5. Coser cartulina puede ser también de mucha ayuda. Compra una aguja punta roma con hilo grueso o lana y haz que cosa una cartulina. Todos estos ejercicios ayudan a que desarrollen la parte motora fina.

Como mencioné, a mí la terapia sí me ha dado excelentes resultados. Lo tomo como una inversión en mi hijo, porque Luca no solo ha mejorado su letra a pasos agigantados, sino que, además, se siente más seguro en clases y no ve tanta diferencia entre sus cuadernos y los de sus amigos.

Lo importante en esta experiencia de las tutorías y los ejercicios que hagan en casa es que debemos ser perseverantes. Es como cualquier deporte: con la práctica mejorarán, y si lo hacen, el resultado es mejor porque encima de todo, conseguirán una sensación de logro riquísima.

Para incentivar a nuestros hijos a escribir bien, a ser prolijos, a cuidar de que sus páginas no estén sucias o arrugadas, también es importante hacerles una pequeña rutina.

A Luca le hice dos papeles enmicados, bien chiquitos pero prácticos. En ellos hicimos una pequeña lista de las cosas que debe tener preparadas antes de iniciar clases o tareas:

| 1. Lavarme las manos con jabón. |
| 2. Sacar mi lápiz y borrador del estuche. |
| 3. Colocar el estuche al lado derecho de mi escritorio. |
| 4. Ver si mi lápiz tiene punta (si no, sacarle). |
| 5. Sentarme bien y cómodo. |

Es de mucha ayuda el hacer un pequeño ensayo en casa. Le puedes decir: "A ver, enséñame cómo pones en práctica los pasos de la tarjetita". Haciéndolo "ensayar" ves si funciona o no. Además, puedes preguntarle si sugiere que se añada o se elimine algo para que sienta que es cocreador de la tarjetita de pasos.

Y lo principal de toda receta para que funcione es felicitar a tu hijo cuando ves que está haciendo las cosas con orden, limpieza y con una letra controlada y mejor. Eso, sin duda, es el mejor estímulo.

CAPÍTULO 9

Los deportes

EL deporte forma una parte importante en nuestra vida. Cada vez, somos más las personas que nos preocupamos por nuestra salud física y mental y conocemos los maravillosos beneficios del deporte en innumerables maneras.

Siendo tan conocedores de esto, los papás también nos preocupamos de que nuestros hijos practiquen deportes desde una temprana edad. El deporte para los niños es importante porque aprenden desde chiquitos a cuidar su salud y a incluirlo como parte fundamental de su vida.

Por otro lado, los deportes también ayudan a gastar energía, que es especialmente necesario para los chicos con TDAH, y propicia y estimula el proceso de integración social. Justamente, este punto de integración social es el que a muchos padres de niños con TDAH nos preocupa. Les voy a contar mi caso.

Luca es un niño que tiene muchas aptitudes físicas que le facilitan practicar deportes. Es rápido, flexible y bastante fuerte a pesar de lo flaquito que es. Y, además, posee lo más importante que todo deportista debe tener: las ganas y el gusto por practicar deporte. Realmente le gusta.

Entonces, lo metí a clases de karate, golf y tenis como él mismo me pidió. En el caso del tenis, lo metí a la "escuelita" de clases grupales que tienen en el club y mi experiencia fue muy mala. El profesor terminó pidiéndome que lo sacara y que lo metiera a clases individuales.

Cuando un profesor te pide esto, te sientes muy mal, pero lo comprendí totalmente. Luca tiene aptitudes para el tenis, pero no funciona en clases grupales: se distrae, se pone a jugar con la arcilla, pero lo peor de todo es que distrae a los demás niños.

Lo peor me pasó al mes de este suceso. Una amiga muy cercana y que se preocupa mucho por mis hijos me llamó y me dijo que quería comentarme algo sobre Luca. Resultaba que había escuchado a varias mamás de los niños de la clase de golf quejarse entre ellas de "ese chiquito que distrae a sus hijos". Estas clases de golf también eran grupales. Como ya había pasado lo del tenis, no me sentí tan mal esta vez y, efectivamente, lo tuve que sacar de estas también. Lamentablemente, como yo trabajo, no puedo ir a ver a mi hijo a sus clases. Si lo hiciera, vería la situación (el que distraiga a los niños o fastidie al profesor) y conversaría seriamente con él. Si ustedes pueden hacerlo, genial. Sin embargo, en mi caso es imposible, por ello preferí retirarlo antes de que se ganara enemigos. Es decir, antes de que ocurra justamente lo contrario del objetivo social del deporte.

Leyendo libros de TDAH me di cuenta de que el comportamiento de Luca en dichas clases no fue nada anormal. Todos los libros que he leído, y que hablan de la relación entre niño con TDAH y el deporte, mencionan que es recomendable que practique deportes individuales y no grupales, por lo mismo de que se aburren al esperar su turno y, por ende, distraen al resto. O porque se van a sentir más seguros teniendo una clase con menos personas.

Sin embargo, en el karate le va súper bien. A pesar de que la clase es también grupal, funciona porque no tiene que esperar su turno tanto como en el tenis, ya que los niños hacen las lecciones en simultáneo. Por otro lado, el karate es una disciplina que tiene normas muy claras y el respeto, la jerarquía y los valores como la puntualidad se resaltan mucho como parte de las lecciones semanales. Así, Luca ha logrado engancharse muy bien con este deporte, que además le encanta.

CAPÍTULO 10

Tomando cartas en el asunto: consejos e ideas prácticas para potenciar al niño con TDAH

SI ya sabemos que nuestro hijo es hiperactivo; es decir, si ya ha sido diagnosticado por un experto, ya sea medicado o no, tenemos que comenzar a hacer algunos cambios en nuestra vida para ayudarlos y potenciarlos.

Lo primero de todo es revisar nuestro estilo de educación e identificar qué tipo de padres somos. Básicamente hay tres tipos:

- **Los papás estrictos,** con normas muy determinadas y que usan el castigo como medio de enseñanza. Generalmente son padres dominantes, que tienen expectativas muy altas en sus hijos y esperan que las reglas y normas sean cumplidas por los chicos sin necesidad de explicación. Los niños con este tipo de padres no tienen derecho a cuestionar los castigos o las reglas de la casa, simplemente las tienen que obedecer porque así lo dicen los papás.

  Generalmente, los hijos de padres autoritarios tienden a ser un poquito más rebeldes, amargados, exigentes y hasta menos respetuosos.

- **Los papás más flexibles** son generalmente muy amorosos, no les gusta ser autoritarios con sus hijos y creen que sus hijos aprenderán por medio de la experiencia y por sus propias decisiones. No tienen normas claras y, más bien, ceden fácilmente ante las presiones de los hijos.

  Por lo general, los hijos de padres flexibles increíblemente pueden ser más inseguros, tener baja autoestima, tienden a tener dificultad aceptando normas en la escuela o con los amigos y hasta pueden ser manipuladores.

- **Los papás que son firmes pero amorosos** establecen normas y consecuencias claras que han sido conversadas con los chicos; es decir, las normas son conocidas, compartidas y aceptadas por los involucrados. Estas normas no son exageradas y permiten que el niño tenga cierta libertad de acción. Pero si el chico no las cumple, sabe que traerá alguna "consecuencia" preestablecida. Los papás con este estilo de crianza dedican tiempo a sus hijos, son amorosos y los hacen sentir muy valiosos e importantes; destacan siempre los rasgos más positivos de los chicos y no se centran tanto en las fallas.

Los hijos de padres firmes pero amorosos se sentirán más seguros, sienten que son queridos incondicionalmente y, por ende, tienden a tener una autoestima más sólida.

Tratemos de identificar nuestro estilo de crianza y veamos cuáles pueden ser los posibles efectos en nuestros hijos. En el caso de nuestros hijos con TDAH, tenemos que tener mayor cuidado en cómo los estamos criando porque el efecto en ellos puede ser mucho mayor que en los otros.

El tercer estilo, el del padre firme pero amoroso, que emplea una combinación balanceada entre una crianza democrática y autoritaria es, generalmente, muy efectivo en niños, especialmente con TDAH. Este tema es importante conversarlo con especialistas para que puedan recibir una mejor asesoría.

En realidad, sobre este tema hay muchas teorías, y lo mejor es que también hay muchos *tests* para conocer mejor cuál es tu estilo de crianza. En internet encontrarás muchos. Sí es importante hacer alguno y sobre todo definir cómo vas a abordar ciertos temas, especialmente lo relacionado al establecimiento de límites, reglas, consecuencias, toma de decisiones. Es muy importante definirlo con el padre/madre de tus hijos para que no se desautoricen frente a los hijos y sepan cómo resolver controversias también entre ustedes. Algunas pautas para que reflexiones que te pueden servir son las siguientes:

Para conseguir o resolver algo: ¿Yo me encargo de resolver todos los problemas de la casa y de mis hijos? ¿Voy a dar yo las instrucciones paso a paso de cómo hacerlo? ¿Voy a dar pautas y dejar que mis hijos resuelvan el cómo? ¿No haré nada y veré cómo se las arreglan?

Reglas y decisiones: ¿Se hará todo lo que yo diga? ¿No haré nada y dejaré que mis hijos tomen sus decisiones y asuman las consecuencias? ¿Estableceremos reglas juntos incluyendo las consecuencias en caso de no cumplirse?

Ya tienes tu estilo de crianza definido; compleméntalo con herramientas sencillas de gestión.

A continuación verás un gráfico que resume algunos pasos que a mí me han funcionado muy bien con mi hijo con TDAH (y también con los demás) y luego describo cada paso y añado mecanismos que a mí me han servido mucho:

- Identifica los momentos de tensión
- Define las normas de convivencia
- Elabora un mecanismo para cada situación de tensión
- Recuerda alabarlo para reforzar el comportamiento deseado
- Establece cómo vas a tratar a tu hijo en situaciones de estrés

1. Identifica los momentos de estrés

Este paso es muy importante. Haz un listado de los principales momentos que tienes con tu hijo (episodios de frustración, angustia, molestia). Para mí, por ejemplo, son los temas relacionados con el desorden, el ajetreo de las mañanas en que uno sale apurado para la escuela o el trabajo, el ir a una fiesta de cumpleaños y no saber cómo se va a comportar mi hijo, cómo tratará a sus amigos cuando los invite a casa o cuando a él lo inviten a otra casa, cómo se portará cuando yo tenga invitados en casa, etc. Para cada situación debes tratar de elaborar algún mecanismo para prevenir episodios de tensión. Por otro lado, identifica también maneras para reforzar el comportamiento positivo cuando tu hijo lo demuestre y así lo motivarás a continuarlo.

2. Establece normas

Es importante que tengas una especie de "manual" de normas para tus hijos. Yo tengo un fólder donde tengo adjuntas algunas normas que deben de ser respetadas en diferentes situaciones, como la que muestro a continuación:

NORMAS DE LA CASA

- Ordenar los juguetes en su sitio, siempre antes de irte a dormir.
- Saludar al llegar a casa.
- Despedirte antes de ir a algún lado.
- Decir por "favor" y "gracias".
- Si quieres ir a los juegos o donde una amiga o un amigo de la colonia, siempre pedir permiso y preguntar cuánto tiempo tienes para estar en ese lugar.
- Regresar a la hora que te dijeron que regreses.

- No interrumpir cuando uno está hablando. Espera tu turno para hablar.
- Los experimentos solo pueden ser usados y dejados en el baño.
- Los días sábado y domingo puedes jugar a lo que quieras o ver televisión, siempre y cuando no hagas escándalo hasta las 9 a.m.
- Siempre fijarte en la limpieza de tus uñas, tu nariz, tu cara y tus manos.
- Si Piero te molesta, antes de reaccionar gritando, explícale lo que te molesta y propón una idea en la que los dos puedan salir ganando.
- Cuando te dicen que hagas algo, no puedes jugar o hacer algo más al mismo tiempo. Haz lo que te dijeron que hagas y luego juegas.
- No hablar fuerte.
- Colocar la ropa sucia en el cesto de ropa sucia.
- Poner la mochila en su sitio.

También tengo normas para otras situaciones que pueden causarnos cierta tensión, como cuando tenemos visitas en la casa, por ejemplo:

CUANDO VIENEN VISITAS A LA CASA

- Siempre saludar, despedirse y no interrumpir.
- Si hay visitas y te piden que vayas a tu cuarto, ir al cuarto.
- Si hay visitas o, con los grandes en general, no ponerles cosas en el cuerpo, no tocarles la cabeza, etcétera.
- Habla despacio y sin gritar.
- Habla con tu voz normal, no como bebé.

Debe sonar medio loco pensar que debes tener un "manual de comportamiento" con tus hijos, pero en verdad ayuda. Lo importante es que estas normas sean conversadas con los chicos y no impuestas porque si no, no las van a aceptar.

Las normas claras ayudan mucho porque así nuestros hijos sabrán mejor qué se espera de ellos, tendrán un patrón que les va a ayudar a tomar mejores decisiones y no se meterán en problemas.

Ahora, para que esto funcione, también conversen con sus hijos acerca de las posibles consecuencias en caso de no cumplirlas. Ellos deben tener claro para qué son las normas y qué pasa en caso de no cumplirlas.

Como les comenté, yo tengo las normas en páginas, con dibujos y todo lo necesario, las mismas que están en el estante de libros de mis hijos. Hay veces en que, cuando vamos a ir a algún lado, veo a Luca sacar su fólder y revisar la listita.

3. Haz horarios

Proponles a tus hijos un horario que deben de cumplir. Puedes negociar algunos cambios con ellos, pero que te quede un horario diario que puedan seguir. Esto los ayuda a ordenar su mente, a centrarse en las labores que deben hacer, a cumplir con sus responsabilidades y a organizarse mejor. No te olvides de que tu hijo con TDAH puede hacer mil cosas a la vez, y lo va a hacer. Así es que a través del horario lo ayudas a centrarse y a organizarse mejor.

Quiero resaltar que es importante la comunicación con tu hijo en la etapa de introducción del horario. Explícale para qué sirve y que entienda que este existe para ayudarlo. No olvides preguntarle qué le parece o si prefiere modificar algo. Por ejemplo, cuando le pregunté a Luca sobre el horario que le había propuesto, él me sugirió incluir un rato libre para jugar en su cuarto al llegar de la escuela, en vez de empezar con las tareas inmediatamente, como yo se lo había planteado. No dudé en cambiarlo, ya que tenemos que entender que el horario es para nuestros hijos, y si queremos que lo cumplan, este debe acomodarle a él según su estado de ánimo. Lo que debemos asegurarnos es, principalmente, que tenga suficiente tiempo para cumplir con sus responsabilidades. El orden en que las haga puede ser relativo.

	LUNES	MARTES	MIÉRCOLES	JUEVES	VIERNES
6:30-7:00	Desayunar y tomar las vitaminas.	Desayunar y tomar las vitaminas.	Desayunar y tomar las vitaminas.	Desayunar y tomar las vitaminas.	Desayunar y tomar las vitaminas.
7:00-7:30	Cambiarte para ir a la escuela.	Cambiarte para ir a la escuela.	Cambiarte para ir a la escuela.	Cambiarte para ir a la escuela.	Cambiarte para ir a la escuela.
7:30	Bajar para ir a la escuela.	Bajar para ir a la escuela.	Bajar para ir a la escuela.	Bajar para ir a la escuela.	Bajar para ir a la escuela.
8:00-3:30	Escuela	Escuela	Escuela	Escuela	Escuela
4:00	Clase de futbol	Clase de futbol	Clase de futbol	Clase de futbol	Clase de futbol
4:00-4:45	Clase de futbol	Lavarte manos y dientes	Clase de futbol	Lavarte manos y dientes	Lavarte manos y dientes
5:00-6:00	Hacer tareas	Hacer tareas	Hacer tareas	Hacer tareas	Hacer tareas
6:00-7:00	Hacer tareas	Hacer tareas	Hacer tareas	Hacer tareas	Hacer tareas
7:00-7:30	Libre	Libre	Libre	Libre	Libre
7:30-8:00	Bañarte y comer	Bañarte y comer	Bañarte y comer	Bañarte y comer	Bañarte y comer
8:00-9:00	Libre	Libre	Libre	Libre	Libre

NOTA: Acá verán la palabra "vitaminas". Es así como nosotros le llamamos al Ritalín: la vitamina para el cerebro.

4. Mantén el contacto visual

Cuando le des alguna indicación a tu hijo, por más sencilla que sea, asegúrate de estar haciendo contacto visual con él. Incluso, no dudes en tocarle el hombro o la cabeza para lograr que te mire. Los chicos con TDAH tienen dificultad para mantener la mirada fija en un punto, por lo que, al mirarlo, harás que él también lo haga. Además, si te mira cuando le das una indicación, captarás mejor su atención y así será más probable que la cumpla. Insiste en mantener contacto visual.

5. Respeta a tu hijo

Como los chicos con TDAH generalmente se mueven más de lo normal o hacen más cosas indebidas, les llamamos la atención con frecuencia. Si este es el caso (que seguramente lo es), trata de no hacerlo frente a sus amigos porque vamos a bajar su autoestima. También tratemos de no gritarles cosas como: "¡Luca, te dije que te bajaras de ahí!". Nuevamente, practiquemos el tema del contacto visual, agarrémosles la carita para que nos vea y digámosles en voz tranquila: "No te subas ahí". Si ven que sus papás pierden el control, ellos se pondrán más nerviosos e inseguros. Incluso, las veces en que les he gritado muy fuerte a mis hijos o me han desesperado por algo, les he pedido disculpas por perder el control y les he explicado por qué no debí hacerlo. Es increíble el efecto de esto. Te ven más humana y coherente. Lo importante es que tus hijos tengan claro que tu disculpa es por el modo en que les gritaste, más no por el castigo que les has dado. Si hay que castigarlos, el castigo va.

6. Sé consecuente con lo que dices

Si a nuestro hijo le advertimos algo como: "Si no sales de la piscina en un minuto, nos regresamos a casa", y no sale de la piscina, pues te regresas a casa. Esto implica que controlemos nuestra lengua porque a veces se nos escapan castigos un poco extremos. Como el que les acabo de mencionar, en el que sin querer me arruiné el fin de semana. Mi mamá trataba de convencerme de que lo perdonara, pero no podía hacerlo. Basta con que te retractes una vez para que nunca más te hagan caso.

7. No le llames la atención por todo lo que hace, escoge bien

Para evitar estar fastidiando a los chicos constantemente con llamadas de atención, los papás tenemos que aprender también a "hacernos los locos", y más bien, reservar las llamadas de atención para las cosas que son realmente importantes e inaceptables. Así, el rato que pasamos con los chicos no es una tortura, sino un rato placentero y divertido.

8. Alábalo cuando lo veas haciendo algo bueno

"Qué gusto verte ordenar tan bien tus Legos". También lo puedes hacer con una guiñadita de ojos, una sonrisa especial o un besito. Simplemente, para que se dé cuenta de que aprecias el comportamiento positivo que ves en él.

9. No lo etiquetes

"Torpe", "¿Por qué serás tan desordenado", "¡Qué terco eres!", "¡Descuidado!", son algunos de los miles de adjetivos que se nos escapan cuando les hablamos a nuestros hijos. Imagínense si nosotros, que somos sus padres, se los decimos, ellos seguramente se lo van a creer. Y como resultado de ello, más adelante se verán a sí mismos como torpes, tercos y desordenados. Por más que lo sean, no se los digamos. Y si es que, por ejemplo, es desordenado, alábalo cuando veas que está ordenando. Porque, sin duda, las etiquetas constituyen golpes muy duros a la autoestima del niño, sobre todo si vienen de nosotros.

CAPÍTULO 11

La disciplina

EXISTEN numerosas maneras de trabajar el tema de la disciplina. Lamentablemente, no todas las técnicas funcionan de la misma manera con cada chico. Mucho depende del niño y qué le funciona. Por ello, les contaré las ideas que se me ocurrieron y me funcionaron:

1. Ignorar ciertos comportamientos

Por ejemplo, si has castigado a tu hijo por hacer algo malo y de pronto, cuando te volteas para salir de su cuarto, ves de reojo que te saca la lengua (a tus espaldas), no le hagas caso. Hazte la que no lo viste, porque lo único que está tratando de hacer es irritarte más o desahogarse un poco.

2. Castigarlo

La táctica del castigo es el privar a tu hijo de algún privilegio, como no ver televisión durante determinados días, no salir de su cuarto por dos horas, no jugar PlayStation un día, etc. Esta táctica es muy útil cuando el niño ha cometido una falta grave o fuerte. La puedes aplicar por ejemplo si se fue a la casa de un amigo de la colonia sin dejarlo dicho y te pasaste toda la tarde preocupada buscándolo por todos lados.

3. Sistema de puntos

Este sistema me funciona de forma excelente con el segundo de mis hijos, que es supercompetitivo. Es muy sencillo y consiste en lo siguiente. Por ejemplo, Piero (el segundo), se pelea mucho con Matías (el tercero) por los juguetes y tampoco obedece a Andrea (la empleada de mi casa desde hace mucho tiempo) cuando le da alguna orden. Entonces, como los castigos con él no funcionan muy bien, probamos el sistema de puntos. Se hace una lista colocando qué tipo de conductas acumulan puntos y si, en una semana, cumple con ese tipo de comportamiento, se gana una cantidad de *stickers* o canicas o, simplemente, puntos que vas anotando en una tablita como la que figura abajo:

Obedecer a Andrea cuando me dice que me bañe.	☺			
Jugar con Matías sin quitarle sus juguetes.	☺			
Ordenar mi cuarto cuando termine de jugar.	☺	☺		

Luego de esto, al acumular una cierta cantidad de puntos o *stickers*, le dices que puede escoger comprarse un juguete de X cantidad de dinero (lo que determines). O incluso puedes hacer una escala de premios para que, si quiere algún premio gordo, siga acumulando sus puntos.

Claro, hay que ser muy preciso al dar indicaciones y debemos explicarles muy bien a los niños lo que significan, porque me pasó que apliqué este sistema con mis gemelas de cuatro años, que se peleaban mucho entre ellas, y les dije que si no se pegaban, iban a ganarse *stickers*. Por trabajo tuve que viajar y, a mi regreso, vi con sorpresa las hojitas repletas de *stickers*. Delfina, la nana, me dice: "Señora, ya no se pegan, pero Inés y Sofía han comenzado a morderse, a jalarse el pelo y a tirarse cosas, y dicen que eso no es pegar".

4. Tiempo fuera (*time out*)

Esto es diferente a un castigo. Es, como lo indica el nombre, un tiempo determinado en el que le indicas a tu hijo que se vaya a sentar a algún lugar que tu decidas (lo ideal es tener un mismo lugar. En mi caso, yo uso una silla del comedor).

Yo empleo el tiempo fuera cuando hace algo que no es grave, como ponerse a gritar o si ha roto ciertas normas leves. De esta manera, lo separas unos minutos hasta que se calme y le dices: "Te sientas acá hasta que yo te avise" (él tiene que saber lo que implica el tiempo fuera y saber por qué ha ocurrido). Generalmente son entre 2 y 5 minutos los que lo tienes con tiempo fuera (si el niño es muy pequeñito, usa un minuto).

5. Señales de alerta

Ten con tu hijo un código de señales para que él sepa que si te ve haciendo "ese" gesto, tiene que parar de hacer cierta cosa. Esto evita que le estés gritando o llamando la atención verbalmente. Por ejemplo, si veo que mi hijo está haciendo algo que no debe (que no sea grave, claro), lo miro con los ojos superabiertos y él al instante se da cuenta de que debe tener más cuidado.

6. Citas o, como dirían los gringos, dates

Esta técnica también me ha dado increíbles resultados, además de ser de lo más delicioso. Cuando, por ejemplo, recibo comentarios de que alguno de mis hijos tiene algún problema, como no obedecer normas en la escuela, lo invito a almorzar. Le digo: "Hijo, mañana te recojo en la escuela y nos vamos a almorzar los dos solitos. Quiero pasar un rato sola contigo porque me encanta conversar contigo y, además, también quiero trabajar contigo un plan para mejorar algunas cositas que me ha mencionado tu profesora". Hacer esto es lo máximo porque no solo están en un ambiente relajado, neutral, simpático, lo que es preciso para conversar calmadamente de cualquier tema que les pueda preocupar, sino que también haces notar que tu hijo te importa individualmente, como persona. Aprovecha ese espacio para contarle alguna cosa tuya (eso fomenta que sienta confianza a abrirse contigo porque algunos niños tienen dificultad haciéndolo) y también aprovecha para ser especialmente cariñoso. Que no solo sea una cita para conversar del "tema problema", sino que también se convierta en un espacio en el que le estás dedicando 100% a él; sin distracciones de tu marido o esposa ni de tus otros hijos. Es una pildorita de cariño que impulsa su autoestima y va a motivar a tu hijo a mejorar su "tema problema".

7. Los contratos

Escribe con tu hijo un contrato de comportamiento. Por ejemplo:

> ★ CONTRATO ★
>
> Yo Carla me comprometo a guardar mis juguetes después de jugar en las noches. Cada vez que guarde mis juguetes sin que me lo tengan que decir me ganaré un punto. Cuando gane 10 puntos, podré invitar a tres amigos a jugar conmigo a la casa.
>
> Firma: Carla

8. Escribe una nota

Una manera simpática, divertida y no dictatorial de llamarle la atención a tu hijo es escribiendo una notita. Por ejemplo, si se puso a pintar y dejó toda la noche los plumones destapados, le puedes dejar una nota que diga algo como:

> Querido Luca:
>
> Hoy amanecimos resfriados. Hemos pasado toda la noche sin nuestra tapita que nos protege del frío y nos ayuda a que no se nos seque el color. Tenemos frío y esperamos que nos pongas nuestras tapitas.
>
> Firman: Tus plumones

9. Usa un temporizador

Como mencioné anteriormente, ayudan un montón. Puedes hacer que tus hijos se cambien, se laven los dientes, entre otras cosas, pero de una manera dinámica y divertida porque tienen que lograrlo antes de que suene el reloj.

Estas son algunas técnicas que yo he probado. Como mencioné al principio de este capítulo, no todas las técnicas funcionan bien para todos los niños. Debes probarlas y ver cuál se acomoda más al perfil específico de cada uno de tus hijos. Por ejemplo, en mi caso, Piero, mi segundo hijo, funciona excelente con las citas y los premios. Luca, lo hace muy bien con las citas, pero el castigo para él es un tema muy serio; mientras que para Piero no tanto. Aunque Matías es muy chiquito, tiene dos años, he empezado a usar el tiempo fuera con él y a veces me funciona y otras no. Más adelante podré ver cuál será su estilo.

En resumen

No te cargues toda la tensión y el papel de sargento supervisor para todas las cosas. Empodera a tu hijo para que asuma cierto control de sus decisiones y ayúdalo a que sea exitoso con estas herramientas, como los papelitos, el reloj, los cuadros. En otras palabras, "delega" en las indicaciones de la casa a estos elementos y confía un poco más en tu hijo.

CAPÍTULO 12

¿Y qué hago con la escuela?

¿NO sienten que ir a la escuela ahora es mucho más complicado de lo que era en nuestra época? ¿Se han puesto a contar cuántos niños del salón de su hijo o hijos de amigos de ustedes están en algún tipo de terapia? Compara esa cifra con la cantidad de tus compañeros de la escuela que estaba en terapia. Al menos yo no me acuerdo de ninguno. Las escuelas de hoy son cada vez mejores y más competitivos también. La globalización, la rapidez con la que cambian las cosas y la avasalladora velocidad con que se multiplica la información presiona a las instituciones educativas a andar a ese ritmo también, y si hay un niño que se atrasa por alguna razón, ya se tiene la "solución": mandarlo a terapia.

Las terapias más comunes son las de psicomotricidad, motora gruesa, lenguaje, terapia ocupacional, de concentración, de organización. En fin, hoy en día hay terapias para todos los gustos, sabores y colores.

Estas, en realidad, ayudan a los niños porque su objetivo es tratar de nivelarlos con el resto de la clase, pero a los papás nos estresan por varios motivos:

1. Porque no son baratas.

2. Porque hay que llevarlo y traerlo del sitio. Lo que se complica si trabajas. Además, es también complicado (y generalmente más caro) lograr que los terapistas vayan a tu propia casa.

3. Porque sientes que tu hijo tiene una limitación en comparación con el resto de la clase.

Pero bueno, es la nueva realidad escolar y tenemos que aprender a vivir con ella.

Para los niños con TDAH, el mundo de las terapias es algo normal. Sin embargo, hay una serie de estrategias alternativas y paralelas que podemos emplear para ayudar a que nuestro hijo pase un buen año escolar, de manera integral: en clase, con las profesoras, con los amigos, en los deportes, etcétera.

Reúnete con su tutor o tutora

Lo ideal es tratar de concretar una reunión al inicio del año con la tutora o el tutor de tu hijo. Es importante que le informes que tu hijo tiene TDAH. Si no conoce mucho del tema, dale información. En mi caso, yo siempre les doy un resumen de cómo son, cómo aprenden mejor, lo que uno debe permitirles, cómo los pueden ayudar, etc. Hay que pensar en los profesores como aliados y decirles que es importante que trabajen en equipo. Incluso, muchas profesoras ahora se comunican con los neurólogos de sus alumnos para conversar de ciertos puntos. Cuanta más información se comparte con ellas, mejor será para tu hijo.

Por otro lado, cuéntale qué tipo de metodologías de enseñanza funciona mejor con tu hijo, qué hacer cuando lo ven aburrido y disperso. Aconséjale que, cuando esté dando instrucciones de algo, disimuladamente camine entre las filas de la clase y le toque el hombro a tu hijo. Ya que, como hemos visto, ese contacto lo hará enfocarse en lo que está diciendo.

En las reuniones

Ve preparada. Lleva una agenda de temas que quieras conversar con las profesoras. Como por ejemplo, si te preocupa que no se lleve bien con los niños o si sus profesores lo ven un poco apagado en clase. Eso te ayudará a no olvidarte de nada.

Por otro lado, prepárate también para recibir algunas quejas de las profesoras. No estés a la defensiva. Eso puede ser lo peor. En nuestra cabeza debemos tatuar un emblema que diga: "Las profesoras están de nuestro lado, son de mi equipo" y deja que te cuenten los problemas. Sin embargo, debemos también ser exigentes y pedirles sugerencias para ayudar a nuestro hijo en casa. Así como, además, debemos preguntarles qué han pensado hacer en la escuela para ayudarlo a resolver esos temas. Es responsabilidad tuya y de la escuela ayudar a los niños. Los profesores tienen que entender que todos los niños no son iguales, no son robots y que cada uno tiene necesidades diferentes. Pero ojo, nunca olvidemos ser empáticos con los profesores. Si nosotros mismos, que somos los padres, nos volvemos locos con nuestros hijos, imagínense cómo se deben sentir los profesores, con 20 o 30 niños en clase. Es más, de vez en cuando, es bueno agradecer por la preocupación que muestran por nuestros hijos y por todo el esfuerzo puesto en tratar de sacarlos adelante. Estos comentarios son también pildoritas de motivación, las apreciarán.

Ubicación en la clase

Lo primero que hay que pedir al tutor de la clase es que al niño lo sienten entre la primera y la segunda fila. Cerca del escritorio del profesor y al alcance de sus ojos.

Y, mejor aún, si sientan a tu hijo entre dos personas que sean muy ordenadas y organizadas. Por ejemplo, este año la profesora reubicó a Luca a un sitio junto a dos chicas. Ella cuenta que es graciosísimo ver cómo una de las niñas le dice: "Luca, por qué sacas todo de tu estuche si solo vas a usar tu lápiz… Guarda todo y saca tu lápiz porque si no se te caen las cosas… Luca, tu lápiz no tiene punta, anda, sácale punta". Es lo máximo y lo mejor de todo es que está ayudando a que Luca se organice.

Anotar la tarea

Pídele a la profesora que revise si tu hijo anotó correctamente las indicaciones de las tareas. Muchas veces los chicos con TDAH sacan malas notas porque no cumplen entregando las tareas. Sin embargo, la mayor parte del tiempo esto sucede no porque no quisieron cumplir, sino porque no anotaron la indicación y, por tanto, no pudieron hacerlo. Tampoco se trata de que sean irresponsables y por eso no anoten la indicación. El problema es que se distraen porque, generalmente, cuando las profesoras dan las indicaciones para las tareas, la clase ya terminó y los chicos comienzan a hacer ruido.

Retroaliméntate

No esperes a recibir la libreta o a que la profesora te mande alguna notificación para saber cómo está tu hijo. Pídele una reunión de vez en cuando o, si es posible, escríbele un correo electrónico para que te comente cómo lo ve en clase: si está muy disperso, si no entiende, cómo está su relación con sus amigos, etc. En este caso, la información es un arma estratégica porque te ayuda a tomar decisiones correctivas antes de que sea demasiado tarde y así proteges la autoestima de tu hijo.

Un mecanismo muy sencillo para saber cómo está tu hijo en las clases es hacer unos *clips* para cada profesor. Esto lo puedes hacer cada tres semanas para lograr un seguimiento más puntual y, por tanto, más eficaz. Por ejemplo:

Clase: _MATEMÁTICAS_

Mi hijo Matías está...

☐ Avanzando bien, no tengo problemas con él.
☒ Avanzando con ciertas dificultades que puedo manejar directamente con él.
☐ Tiene problemas.

Involucra a tus hijos en su educación

Luego de probar esta técnica, puedo decir que nos fue muy bien. Un día recibí una nota sobre lo desconcentrado que estaba Luca en clases y que, además, no terminaba las asignaturas a tiempo. Así es que conversé con él nuevamente sobre la importancia de prestar atención al profesor, entre otras cosas. Y se me ocurrió decirle que él mismo les preguntara a sus profesores cómo lo veían. Es decir, que al terminar la clase se acercara y les hiciera preguntas sobre cómo había estado: bien en clase o si lo habían visto desconcentrado y movido. De esa forma, él podría obtener retroalimentación directa de los profesores. El beneficio de esta técnica es que nuestros hijos pueden empezar a asumir con mayor compromiso el tema de su educación y, si el comentario es positivo, será otra pildorita para su autoestima.

De todos modos, es importante que nosotros, los padres, nos mantengamos informados de esto. Así que pídele a tu hijo que comparta contigo los comentarios que le hicieron los profesores. Ya que si hubo algún comentario negativo, será oportunidad para le puedas dar una levantadita de ánimo.

CAPÍTULO 13

La organización

CUANDO los niños con TDAH se encuentran en la elaboración de algún proceso creativo e imaginativo, uno de los aspectos a los que menos importancia le dan es a la organización. Y es que el mismo hecho de su impulsividad les genera, casi siempre, problemas para poder organizarse y, por ende, cometen errores sonsos, se apuran para completar tareas o actividades y hacen las cosas a la loca, sin cuidado y revisión. Todo esto los lleva a confundir las cosas, a "comerse" parte de lo que deben hacer o, peor aún, a simplemente olvidar el trabajo en la casa o en la escuela.

Nuestra labor como padres es indispensable a la hora de lidiar con el tema de la organización de nuestros hijos con TDAH. Por ello, nuestra primera tarea debe comenzar en casa:

Debemos verificar que nuestro hijo tenga un espacio cómodo y con buena iluminación para trabajar.

Por ejemplo, un escritorio o mesa en el comedor o la cocina les permitirá colocar cómodamente sus útiles y cuadernos y así tendrán la mínima distracción posible.

Es importante que, además del estuche de la escuela, tenga uno en casa con los principales útiles.

Este debe ser de uso exclusivo para las tareas, por lo que es recomendable que lo guarde uno de los padres o la persona encargada en casa de cuidarlos. De esta forma, si tu hijo quiere colorear o pintar por diversión, deberá usar otro juego de útiles. Y es que, si utiliza los mismos útiles para ambas cosas, se volverá loco buscando dónde está su lápiz, su borrador o los colores y, por tanto, perderá tiempo y terminará distrayéndose. Una vez que termine de hacer sus tareas debe entregar el estuche a la persona que lo "administra".

Emplea el sistema de los fólderes de colores (algunas escuelas ya los usan).

Por ejemplo, el rojo será para inglés; el azul, para matemáticas, y en el amarillo él colocará todas las tareas que tiene que entregar. De esta forma, evitas que pueda olvidar las tareas en casa, porque ese fólder tiene que estar siempre en su mochila.

En el cuarto donde duerma debes procurar que haya estantes, repisas, cajas o canastas para que cada cosa tenga su lugar.

Por ejemplo, una caja puede ser para el papel para pintar, otra para colores, una para los dibujos que quiera guardar y otra para revistas que puede recortar. Es importante colocar en cada una de ellas etiquetas con el nombre de las cosas que deben ir ahí. Como ves, también ayudará a que todos sus juguetes estén en orden (caja para Legos, caja para carritos, caja para imanes).

Que nunca falte en casa una lista con los nombres y teléfonos de los amigos de la escuela.

Ya que si se olvida de anotar alguna tarea o de traer algún libro, podrías ayudarlo haciendo que él mismo llame a algún amigo para que le dé las indicaciones. El anotar bien las indicaciones de las tareas debería estar entre una de las normas y el no hacerlo debe tener una consecuencia negativa (por ejemplo, perder algún privilegio como ver televisión).

Los horarios y las normas de la casa ayudan mucho a que el niño viva en un mundo organizado.

Hay que ser muy firmes con eso, ya que, a la larga, eso le beneficiará.

Antes de empezar a hacer las tareas, es preciso que le recuerdes que lo primero que debe hacer es sacar su tarjetita de indicaciones.

Para que nunca la olvide, esta tiene que estar guardada en el estuche.

¡Apaga el televisor! Evita que haya ruido alrededor de tu hijo.

Pero si notas que tu hijo se distrae en algún lugar muy silencioso, prueba poniéndole algo de música de fondo. Increíblemente, lugares muy silenciosos pueden distraer mucho. Un sonido muy suave ayuda para este tipo de casos.

Estimula a tu hijo a hacer sus tareas solo.

Esto no quiere decir que lo dejes a la deriva, dile que estás para él en caso de que no comprenda algo. Pero es importante que intente hacer las tareas de manera independiente. Si trabajamos, no nos queda otra opción, pero no olvides decirle que te puede llamar. Eso sí, solamente en caso de que no comprenda las instrucciones de la tarea.

Lo más importante para cuando tu hijo hace tareas es justamente eso: que entienda las instrucciones.

Sin embargo, como estos chicos son de los que se abalanzan a hacer la tarea sin leer el paso a paso, debemos forzarlos a leer cada uno de ellos. Una manera fácil de que agarre la práctica es decirle que, luego de leer las indicaciones, le explique a quien esté a su cargo lo que debe hacer. Así te aseguras de que no solo leyó las indicaciones, sino que además las entendió. No olvides que, si te da una buena explicación, debes decirle algo positivo como: "Qué hábil eres captando las instrucciones" o "Explicas las cosas mejor que el libro", etcétera.

Mientras tu hijo hace las tareas, permítele tomarse algunos descansos cortos.

Que estire las piernas, que tome algo y se mueva un poco para que así pueda retomar las tareas, más calmado. Puedes emplear el temporizador para que sepa cuando debe volver.

A algunos niños les cuesta mucho hacer tareas cuando ven que estas son muy largas.

Por ejemplo, si le mandan 30 multiplicaciones, con solo ver la cantidad de operaciones que tiene que hacer, ya se cansó. Una forma de ayudarlo para evitar este cansancio es diciéndole que las haga por bloques de cinco en cinco o de seis en seis. Así, puede alcanzar poco a poco metas chicas, en lugar de ver una meta muy grande y agotadora. Y cuando ve que va logrando los primeros cinco cálculos y ya alcanzó la primera minimeta, se encamina mejor hacia la meta final. Lo mismo sucede con las lecturas. Debes ayudarlo a dividirlas en partes y plantearle minimetas fáciles de alcanzar.

Otra tarea casi titánica es hacer que tu hijo revise lo que ha hecho.

En realidad, a mí como hiperactiva me cuesta muchísimo. La mayoría de las veces no lo hago porque no puedo concentrarme leyendo lo que ya salió de mi cabeza. Pero, lamentablemente, por ese motivo se me escapan errores. He ahí la importancia de enseñarles desde chicos a que lo hagan.

Si tu hijo es de los que se pueden demorar horas de horas en terminar una tarea, plantéale un juego.

Usa nuevamente el temporizador de cocina y dile: "¿A ver si terminas tu tarea de inglés antes de que suene el reloj?". Si lo logra, celébralo con él y, si puedes, dale un *sticker* para que vaya acumulando puntos. Sin embargo, hay que tener cuidado con este sistema, ya que por ganarle al reloj puede hacer las cosas a la velocidad del rayo, descuidando la letra y los detalles. Así es que, si usas este sistema, debes observar bien todo lo que produce.

También tenemos el caso de niños que, simplemente, no quieren hacer tareas.

Aquellos que se olvidan de traer los libros a propósito para tener una excusa y no cumplir con sus obligaciones. Si ese es el caso de tu hijo, quítale todos los privilegios que tiene en casa: televisión, PlayStation, teléfono para hablar con los amigos, *chats* en la computadora, etc. Habla con él y dile que tiene que tomar una decisión y para ello tendrá que elegir: si quiere tener estos privilegios de vuelta, entonces tiene que hacer sus tareas. No recurras a los gritos. Simplemente dile las reglas y la decisión dependerá solo de él. Tarde o temprano llegará a tomar la correcta. Sabemos de sobra que un niño sin televisión, juegos o amigos se vuelve loco.

En resumen

La escuela es como el trabajo para los adultos. Nosotros también fallamos cuando no nos organizamos bien, cuando acumulamos trabajo, cuando dejamos de hacer las cosas. Nuestra tarea como padres es enseñarle a nuestro hijo a planificar y organizarse, pero ojo, eso no implica imponer nuestro estilo de estudio.

Debemos respetar el estilo de nuestro hijo, y el hiperactivo sí necesita hacer cortes mientras estudia. Respeta eso siempre y, cuando él logre su objetivo, enséñale la importancia de planificar su tiempo y de identificar las distracciones para que desde niño las aprenda a manejar.

CAPÍTULO 14

Los temibles exámenes

¿TE acuerdas de la tensión que sentías cuando te hacían algún examen en la escuela? ¿No era terrible? Recuerda esa sensación horrible en el estómago. Lo que a mí me pasaba era que, una vez sentada y justo antes de comenzar el examen, sentía que no me acordaba de nada, como si todo se me hubiese borrado de la mente. Me llenaba de mil preocupaciones, sobre si me alcanzaría el tiempo para terminar todas las preguntas y si lo podría lograr. En fin, sensaciones de ansiedad realmente atroces.

Es importante que te acuerdes de estos episodios porque, para ayudar a tu hijo a rendir mejor en los exámenes, es crucial que comprendas las emociones y preocupaciones que pasan por su cabeza.

Por ejemplo, cuando les hago exámenes a mis alumnos en la universidad también siento eso. Les veo las caritas de preocupación y en serio me da pena porque me acuerdo cómo me sentía yo. Como profesora, trato de relajarlos un poco diciéndoles: "Disfruten haciendo exámenes... Qué más quieren que no tener que aguantar una clase conmigo", o también los entusiasmo con cosas como: "Estoy segura de que les va a ir bien porque son chicos supercapaces". Ese comentario ayuda mucho porque sienten el voto de confianza de la profesora; es decir, que estoy de su lado. Con tu hijo puedes hacer lo mismo. Aliéntalo asegurándole que le va a ir bien por lo mucho que ha estudiado. Es fundamental que se sienta seguro.

Otro de los consejos que les doy tanto a mis alumnos como a mis hijos es que, cuando presenten un examen, les den una miradita rápida a todas las preguntas para, más o menos, tantear el tiempo y el tenor de los temas que les están aplicando. Y luego de ello, lo mejor será comenzar por la pregunta más fácil. Así se tranquilizan mucho, ya que no se traban tratando de responder las preguntas cronológicamente. Es como el "calentamiento" de la mente, y las ideas y todo lo que aprendieron comienza a fluir poco a poco.

Es muy importante que, cuando los chicos lleguen a casa, nos cuenten cómo les fue. Evidentemente, ello estimula la fluidez de la comunicación. Pero, para lograrlo, necesitas crear un ambiente de confianza. Es decir, que no sientan ese temor horrible que nosotros sentíamos si nuestros papás se enteraban de que habíamos sacado una mala nota. La meta es que te lo cuenten y luego conversar con ellos acerca de tácticas para mejorar en el siguiente examen. Juntos pueden revisar lo que hizo y le puedes dar *tips* prácticos para ayudarlo. Ten en cuenta que lo principal es no molestarnos ni gritarles. Y salvo que, definitivamente, no hayan estudiado, no debemos recurrir al castigo. El punto es lograr que mediante la conversación ellos mismos reflexionen.

CAPÍTULO 15

Actividades para hacer con tus hijos hiperactivos

MUCHAS veces me pregunto cómo sería mi vida si viviera en un lugar con lluvia y mis hijos tuviesen que pasársela encerrados en el departamento sin salir a jugar. Simplemente ellos se mueren del aburrimiento y yo de la locura.

Gracias a Dios no vivo en un lugar así, pero de todas maneras vivo en un departamento, y qué hacer con toda la energía acumulada de un niño hiperactivo es siempre un gran dilema.

Por eso, se me ocurrió crear un listado de posibles actividades para hacer con los chicos en la casa a fin de canalizar la energía y otras para fortalecer ciertas debilidades que tienen los chicos hiperactivos, como por ejemplo, la motricidad fina.

No hay nada mejor que ensuciarse con los chicos

ACTIVIDAD 1

La primera actividad trae como producto acercarse más a los chicos y compartir con ellos un momento lúdico que rompe esquemas. Es decir, ver a mamá ensuciarse como ellos. Se puede hacer de diferentes maneras, como jugar en el barro o en casa (sugiero la lavandería) colocar papel periódico por todo el piso y varias cartulinas y ponerse a pintar con los dedos, las manos, los pies; píntense entre ustedes (usen pinturas lavables). El producto de esta actividad es lo mejor: se van a reír horrores, van a relajarse mucho y se van a integrar con sus hijos (no se olviden de que los chicos hiperactivos, al ser siempre víctimas de llamadas de atención, necesitan momentos de distensión y de relajo, sobre todo con los padres, que somos los que estamos diciéndoles siempre las cosas que deben de hacer o dejar de hacer).

A fortalecer los deditos

ACTIVIDAD 2

La motricidad fina es una de las grandes debilidades de los chicos hiperactivos, por eso la letra que tienen generalmente es desastrosa o muy mala. Algunas actividades que ayudan a fortalecer los dedos para que puedan agarrar mejor el lápiz y finalmente escribir mejor y más rápido son las siguientes:

- **A. Hacer pica pica:** Esto ya lo mencioné anteriormente, pero lo repito en este capítulo para que lo incluyas en tu lista. Lleva a casa una perforadora y mucho papel, periódico o papel reciclable. Dile a tu hijo que tiene que llenar una bolsa con pica pica. Haz un campeonato con él: si logra llenar 5 bolsitas en una semana, le darás un premio. Esa presión en la perforadora estimula el uso de los músculos de la mano y dedos.

- **B. Hacer bolitas de papel:** Es otra actividad que ayuda a fortalecer los dedos. Pueden hacer bolitas de papel crepé, de diferentes colores, y qué tal si juntos hacen un cuadro pegando las bolitas en una cartulina. Salen cuadros abstractos lindos. O si mamá o papá no pueden hacerlo, que lo hagan con los hermanos, también es importante que compartan con ellos.

Juegos a la antigua

ACTIVIDAD 3

¿Se acuerdan de las fiestas de cumpleaños de nuestras épocas? ¿Cómo jugábamos a la carrera de la cuchara con el limón, a Simón dice, a carrera de obstáculos y demás cosas? ¿Por qué no revivir esos momentos haciendo un campeonato en casa? Papá y mamá contra los chicos.

- **A.** Una cuchara y un limón por persona es suficiente; se ponen la cuchara en la boca y a correr sin que se caiga el limón.

B. Simón dice es un juego fabuloso para la estimular la concentración del chico hiperactivo. Por supuesto que hay que premiar a los chicos cuando ganan.

C. Agarra los cojines, unas ollas, ropa de grande y que los chicos hagan una carrera de obstáculos en un espacio de la casa: no tiene que ser muy grande, pero sí difícil.

Todos estos juegos estimulan la integración, interacción y también la concentración en los niños. Además, los estamos alejando de la televisión y la computadora por un rato de sano entretenimiento y de risas en conjunto.

Al terminar las actividades no hay nada mejor que un picnic en casa: compra panes de diferentes tipos, jamones y quesos, prepare un chocolate caliente, y siéntense todos juntos a disfrutar de un picnic. Además de compartir un rato relajado, algo que les gusta mucho a los chicos del picnic es poder escoger lo que se van a servir. Déjales a los chicos varias opciones para que sientan esa libertad de escoger, es superdivertido. De repente, pídele a tu hijo que te prepare un sándwich según le parezca a él; se sentirá supermotivado y su autoestima se alimentará un poquito también.

¡A brincar!
ACTIVIDAD 4

No hay nada mejor para gastar energía que saltar o correr. ¡Eso cansa! Comprarle a tu hijo una cuerda puede ser una excelente inversión. Por un lado, es un excelente ejercicio cardiovascular; por otro lado, ayuda a estimular la coordinación de brazos y piernas, y descargará muchas energías. Para que no sea aburrido, al principio hazle tú mismo un campeonato: "A que no me ganas saltando" (no olvides que a los chicos hiperactivos les encanta el reto). Cuenta cuántas veces puedes saltar tú sin fallar y luego haz que él salte. Al día siguiente pruébalo de nuevo, y así consecutivamente por varios días hasta que luego dejes que él compita contra él solo diciéndole: "¿Cuántos vas? Ayer llegaste a ochenta, ¿llegarás a batir tu récord?". Entusiásmalo a hacerlo todos los días y motívalo con algún premio: "Cuando llegues a 100 te ganas un chocolate", y así sucesivamente.

Al que madruga Dios lo ayuda
ACTIVIDAD 5

Para que mi hijo no llegara tan eléctrico a la escuela, probé un tiempo salir a correr con él en las mañanas, muy temprano. Por supuesto que a los dos nos costó horrores despertarnos treinta minutos antes de lo previsto, pero secretamente estábamos ambos encantados de compartir una actividad propia de los dos. Los comentarios de la profesora fueron muy positivos no solo porque descargó energía, sino porque compartió un espacio con mamá, donde conversamos y la pasamos bien, y también porque se relajó muchísimo haciendo ejercicio. Además, ¡nos obligó a nosotros a hacer algo!

Si no les gusta correr, prueben salir a hacer una *power walk*; es decir, una caminata rápida. Diles a tus hijos que ellos son sus entrenadores, y les va a encantar la responsabilidad que les están encargando. Tengo que confesar que salir a correr con mi hijo ha resultado ser una de las cosas que más disfruto con él; es lindo verlo correr conmigo y sobre todo conversar todo el camino (yo no sé cómo lo hace sin ahogarse)... Se llega a relajar tanto que me cuenta cosas mucho más profundas, sus preocupaciones y las cosas que lo hacen feliz. En verdad, pruébenlo, porque ayuda a acercarnos más a nuestros hijos. Si no pueden hacerlo por la mañana, al menos háganlo un sábado o domingo, como quien sale a hacer ejercicio. Algo es algo y les juro que les va a encantar. Eso sí, comiencen de a pocos; yo comencé con un kilómetro y medio (15 minutos aproximadamente) y ahora estamos corriendo 7 kilómetros, lo cual encima refuerza su autoestima y la confianza en sí mismo.

CAPÍTULO 17

un par de comentarios finales

NO se olviden de que, antes de hacer cualquier actividad con su hijo o antes de embarcarlo a hacer cualquier actividad en general, tienen que situarlo en el panorama de lo que se viene: "Vamos a correr juntos 20 minutos y de ahí, cuando lleguemos a casa, quiero que te bañes, te pongas ropa limpia y a hacer la tarea". O "Vamos a ir a la playa a pasar el día, vamos a estar con los Gonzales; no nos olvidemos de saludar al llegar y, cuando les diga que es hora de almorzar, dejamos de jugar". Siempre es vital repasar lo que se viene con los chicos hiperactivos (y con los que no lo son también ayuda).

Ser padres de niños hiperactivos o muy movidos puede ser muy retador y estresante, pero también muy gratificante. Depende mucho de nosotros, los "entrenadores", los padres, que, a través de nuestro esfuerzo y, sobre todo, nuestro amor, preparemos a estos niños a enfrentar el mundo con una mirada más optimista y con más esperanzas, y que puedan no solo minimizar sus dificultades, sino que logren potenciar sus grandes capacidades intelectuales, memorísticas, creativas, multifacéticas y, en especial, su inmensa sensibilidad en un futuro promisorio y, sobre todo, feliz. Al final de cuentas, nada nos hará sentirnos mejor como padres que ver a nuestros hijos felices. Por eso, gran parte de estos consejos que he querido compartir con ustedes se orienta a crear niños con raíces sólidas y con alas para soñar y volar. Para mí, no hay nada más fantástico que eso, que los chicos se sientan seguros y capaces de pelear y perseverar por sus sueños; y créanme, estos chicos sí que son capaces, solo tenemos que darles ese empujoncito con mucho cariño.

una noticia motivadora

Yo escribí este libro hace diez años, pero nunca lo publiqué. Mi hijo Luca tiene hoy veintidós. Sigue siendo hiperactivo. Sigue destrozando jabones, servilletas y cuanta cosa caiga en sus manos. Sigue rompiendo cosas de sus hermanos. Sigue con una letra que parece que escribiera con el pie. Sigue perdiendo teléfonos, billeteras, lentes, chamarras.

Pero ha logrado aprovechar las ventajas que trae el ser hiperactivo.

- El hiperactivo tiene una capacidad brutal para hacer mil cosas a la vez; y el mundo requiere *multitaskers*.
- El hiperactivo es inquieto. El mundo es tremendamente inquieto y cambiante. No está hecho para los pasivos.
- El hiperactivo se adapta a diferentes situaciones porque le es fácil captar diferentes estímulos y amoldarse

Si bien es cierto que Luca nos hizo patalear hasta el penúltimo año de la escuela, tuvo la suerte de encontrar su pasión en ese mismo año. Eso le cambió la vida. Su pasión fue la economía. Se involucró mucho en el mundo del debate y llegó a ser parte del equipo ganador de los Panamericanos 2015.

Al encontrar su pasión, aprendió a plantearse objetivos y realizó un plan estratégico personal. Se volvió disciplinado y superenfocado. Rara vez uno ve chicos SIN hiperactividad tan enfocados. El foco se consigue con objetivos. Los objetivos y sueños son tremendos movilizadores y son los motores que nos enrumban a cambiar nuestra vida y a darle significado. Es una maravilla ver cómo va logrando sus metas y lo ambicioso que es; especialmente, me emociona ver lo feliz y equilibrado que se ha vuelto.

Queridos padres de hijos movidos y queridos chicos movidos, abracen la hiperactividad. Padres, no se asusten, abrácenla porque es una ventaja increíble que tienen estos chicos. No se torturen, no exijan perfección, implementen algunos de estos *tips* que a mí me ayudaron y no se vuelvan locos. Enamorémonos de las diferencias que tiene cada uno de nuestros hijos, que son las que los hacen tan especiales y únicos.

ANEXO

¿QUÉ ES EL TDAH? ¿CÓMO SE LE DIAGNOSTICA Y TRATA?

El trastorno por déficit de atención con hiperactividad (TDAH) es una condición presente entre el 5 y 10 % de los niños y entre el 3 y 6 % de los adultos, caracterizada por la presencia de déficit de atención, hiperactividad-impulsividad o ambos. Se piensa que el factor causal más importante es la deficiencia en algunas áreas del cerebro de los neurotransmisores dopamina y norepinefrina, ocasionada por la captación demasiado rápida de ellos por el receptor específico. Existe un factor genético importante y es más frecuente en el género masculino.

Los problemas básicos de quien tiene TDAH es decir, el déficit de atención, la hiperactividad o la impulsividad, interfieren en grado variable en el aprendizaje escolar y en las relaciones con sus compañeros de escuela, familiares y amigos.

El TDAH a menudo se asocia con problemas de aprendizaje, problemas de conducta, problemas en el habla y en el lenguaje, depresión, ansiedad y tics; en algunos casos, el trastorno asociado puede ser más severo que el TDAH en sí.

Quien padece de este trastorno, especialmente cuando se asocia a él un problema de conducta, tiene un riesgo mayor de caer en la drogadicción y en la delincuencia. Cuando el TDAH se asocia a la migraña —trastorno neurológico también muy frecuente—, el tratamiento farmacológico del déficit de atención suele hacer que mejoren los dolores de cabeza.

DIAGNÓSTICO DEL TDAH

¿Cómo sé si mi hijo tiene TDAH? ¿Cómo sé si yo tengo TDAH?

El diagnóstico debe ser efectuado por un profesional médico que tenga experiencia en el tema: neurólogo o psiquiatra.

Los criterios diagnósticos más aceptados actualmente son los del Manual Diagnóstico y Estadístico, cuarta revisión de la Asociación Psiquiátrica Americana (DSM IV). Deben estar presentes por lo menos seis de los nueve criterios de desatención o por lo menos seis de los nueve criterios de hiperactividad-impulsividad. Es necesario que algunos de estos criterios hayan estado presentes antes de los siete años y que se presenten en más de un ambiente.

Puede sospecharse que un niño tiene déficit de atención cuando: no atiende como es debido en la casa o en la escuela, necesita que se le repitan las órdenes o instrucciones, tiene dificultad para organizar sus actividades, a la menor dificultad abandona lo que está haciendo, extravía prendas u objetos, se distrae con cualquier estímulo, es descuidado en sus actividades diarias.

Puede sospecharse que el niño tiene hiperactividad e impulsividad cuando: se mueve continuamente en el asiento, se levanta de él innecesariamente, está en constante actividad, necesita que se le sugiera qué hacer en sus ratos de ocio, habla excesivamente en la casa y en la escuela, tiene dificultad para esperar su turno, precipita respuestas, interrumpe las conversaciones de quienes lo rodean.

En el siguiente enlace está el PDF del Manual Diagnóstico y Estadístico, cuarta revisión de la Asociación Psiquiátrica Americana (DSM IV) y en las páginas 88-89 están los criterios para el diagnóstico del TDAH:

https://psicovalero.files.wordpress.com/2014/06/manual-diagnc3b3stico-y-estadc3adstico-de-los-trastornos-mentales-dsm-iv.pdf

Accede a través del código QR desde tu celular.

Con respecto al diagnóstico del TDAH en adultos, recientemente ha aparecido un cuestionario elaborado por Adler, Kessler y Spencer —auspiciado por la Organización Mundial de la Salud—, que ayuda al profesional tratante. Este cuestionario es una adaptación de los criterios del DSM IV para el adulto, que le asigna a cada criterio un puntaje que va de 0 a 4; si el puntaje de desatención o de hiperactividad-impulsividad totaliza por lo menos 24 puntos, existe evidencia de que el trastorno está presente. Este diagnóstico presupone que al adulto se le haya diagnosticado TDAH en la niñez o que exista suficiente información (proporcionada por la madre, de preferencia) para hacer el diagnóstico retrospectivamente.

El siguiente enlace lleva al cuestionario mencionado:

http://www.goodmedicine.org.uk/files/adhd.asrs_.screen.pdf

Accede a través del código QR desde tu celular.

TRATAMIENTO DEL TDAH

Tratamiento medicamentoso
Es la modalidad terapéutica más efectiva.
Si el paciente no tiene patología comórbida y existe un excelente manejo en la casa, puede ser la única terapia necesaria.

Terapia conductual

Esta es la terapia psicológica de mayor utilidad en el TDAH, especialmente cuando hay trastornos de conducta asociados. Aún cuando no se haga una terapia conductual formal, los principios de modificación de conducta forman parte de las buenas reglas de crianza y del manejo adecuado en el salón de clase.

Coaching para el TDAH

El *coaching* para el TDAH se inició hace más de una década en Estados Unidos y ha logrado tal aceptación que en los últimos tiempos se le está empezando a considerar como la tercera pata del trípode terapéutico de este trastorno. Ayuda a organizar la vida personal, académica y profesional de las personas con TDAH.

Terapia de aprendizaje y clases de nivelación

Son importantes cuando el TDAH afecta significativamente el aprendizaje escolar, a pesar del tratamiento medicamentoso y del apoyo que recibe el niño en casa. Las clases de nivelación deben considerarse especialmente cuando el control de las tareas escolares por parte de la madre daña seriamente la relación madre-hijo.

Psicoterapia de orientación psicoanalítica

Es de utilidad cuando existe un problema importante de autoestima, cuando existen problemas emocionales (ansiedad, depresión) o de sociabilidad; también cuando hay problemas importantes en el hogar, como en el caso de desavenencia importante entre los padres o de ausencia de uno de ellos.

Adaptado de: **www.deficitdeatencionperu.com**

Accede a través del código QR desde tu celular.

BIBLIOGRAFÍA

ALEXANDER-ROBERTS, C. (1994). *The ADHD Parenting Handbook: practical advice for parents from parents.* Maryland: Taylor trade publishing.

BERGSTROM, J. M. (1984). *School's Out: Now what? Creative Choices for your Child.* Berkeley CA: Ten Speed.

CANTER, L. (1988). *Homework without Tears: A Parent's Guide for Motivating Children to do Homework and Succeed in School.* New York: Harper Perennial.

GORDON, M. J. J. (1992). *Get Back to Work: a Child's Guide to ADHD/ Hyperactivity.* DeWitt. NY: GSI Publications.

HALLOWELL, E. M. M.D. y JOHN J. RATEY, M.D. (1994). *Driven to Distraction: Attention Deficit in Children and Adults.* New York: Pantheon.

YOUNGS, B. B. (1991). *How to Develop Self-Esteem in your Child: 6 Vital Ingredients.* New York: Fawcett Columbine.

RIEF, S. F. (1993). *How to Reach and Teach ADD / ADHD Children.* West Nyack, NY: The Center for Applied Research in Education.

https://www.addrc.org

www.deficitdeatencionperu.com